TEPS in TEPS
800문법

박기혁
서울대학교 졸
(현) 메가스터디 어학센터 TEPS 강사
(현) SLA 학원 TEPS 대표 강사
(현) 중앙일보 영자 신문 중앙 데일리 교육 분야 객원 논설위원
(현) 한국 생산성 본부 영어 전임 강사
(현) PTT(Park's TEPS Teacher's Group) 대표 강사
-TEPS의 최고를 지향하는 강사들의 모임

황혜정
고려대학교 국제대학원 석사
(현) LAWSPA TOEIC 강사
(현) SLA (서울법학원) TOEIC 강사
(현) 어울림 커뮤니케이션 번역회원
(현) 청담어학원 TEPS 강사
(현) PTT(Park's TEPS Teacher's Group) 강사
-TEPS의 최고를 지향하는 강사들의 모임

TEPS in TEPS 800 문법 2nd Edition

저자 | 박기혁 · 황혜정
초판 1쇄 발행 | 2009년 6월 25일
개정 5쇄 발행 | 2017년 1월 16일

발행인 | 박효상
총괄이사 | 이종선
편집장 | 김현
기획 · 편집 | 박혜민
디자인 | 손정수
마케팅 | 이태호, 이전희
디지털콘텐츠 | 이지호
관리 | 김태옥

Special Staff
표지 | 장선숙
내지 | 홍수미
편집 | Susie Park
조판 | 한현식

출판등록 | 제10-1835호
발행처 | 사람in
주소 | 121-839 서울시 마포구 양화로11길 14-10(서교동) 4F
전화 | 02) 338-3555(代)   팩스 | 02) 338-3545
e-mail | saramin@netsgo.com
Homepage | www.saramin.com

:: 책값은 뒤표지에 있습니다.
:: 파본은 바꾸어 드립니다.

ⓒ박기혁 · 황혜정 2009

ISBN 978-89-6049-174-8 13740
     978-89-6049-175-5 (세트)

사람이 중심이 되는 세상, 세상과 소통하는 책 **사람in**

TEPS in TEPS

800 문법

박기혁·황혜정

사람in

머리말
Preface

영어 시험을 둘러싼 여러 가지 환경 변화에 의해서 TEPS의 중요성은 나날이 강조되고 있고 그 특징 또한 뚜렷이 변화를 겪고 있다.

첫째, 갈수록 문제가 다양화되고 있고 더욱더 세련되어지고 있다.
둘째, 시험을 치루는 대상 연령층이 자꾸 낮아지고 있다.
셋째, 특목고나 외고, 로스쿨이나 의학전문대학원 진학 등 그 쓰임새가 더욱 광범위해졌다.

이러한 세 가지 변화에 발맞추어, TEPS 교재도 다양화되고 진화되어야 하는데, 현재의 교재 시장은 그러한 가시적인 변화에 능동적으로 대처하지 못하는 것이 사실이다. 이에, 이번 TEPS in TEPS 시리즈를 통해서 진화하는 TEPS에 가장 적합한 패러다임을 제시하고자 한다.

TEPS는 참으로 복잡하고 미묘한 시험이다. TOEFL처럼 학문적인 점에 초점을 맞추는 것도 아니고, TOEIC처럼 실용 언어적인 측면만을 강조하는 시험도 아니다. 어쩌면 이 둘의 장점만을 모아 놓은 시험이라 할 수 있겠다.

학문적인 내용들을 풀어가되 좀 더 현실성을 부여하여 실용적으로 쓰이는 영어들을 묻는 것이다. TEPS가 최근 시험 시장에 지각 변동을 일으키고 있는 이유는 이런 장점이 토대가 되었다고 볼 수 있다.

TEPS는 실제로 회화를 하다가 혹은 네이티브가 보는 외국 신문 등을 읽다가 느끼는 애로사항을 잘 해결해 줄 수 있는 시험이다. 어휘력의 측면에서 보아도 실생활에서 우리는 이런 어려움을 겪는다. '단어 하나하나의 해석은 되는데 왜 전체적으로는 독해가 안 되고 해석이 안 될까?', '이 상황에서 저 말은 대체 무슨 뜻으로 쓰이는 걸까?'

그것은 바로 간단한 단어라도 초보적으로 배웠던 사전적 지식 외에 실생활에서는 다양한 뜻으로 활용되기 때문이다.

이처럼 네이티브와의 가장 적절한 의사소통에 초점을 둔 TEPS는 지극히 영어수험과 영어실용의 접목이라는 공인영어시험의 목적에 가장 합당한 인증시험이라 하겠다.

TOEIC이 점수 인플레로 상위권 수험생의 변별력을 상실했다는 비판이 많다. TEPS는 TOEIC과 같은 패턴의 지속적인 반복만으로는 해결할 수 없는 시험이다. 이에 학습자들도 이런 TEPS에 대한 관심과 욕구가 더욱 늘어나고 있는 현실이다.

필자는 좀 더 실용적이고 영어 실력 향상에 도움이 되는 TEPS에 대한 관심이 높아지고 있는 것은 고무적인 일이라 생각한다. 그리고 그런 TEPS를 연구하고 학습하는데, 이 'TEPS in TEPS 시리즈'가 선구자적인 역할을 하길 진심으로 바라는 마음으로 문제 하나 설명 하나에 세심한 신경을 쓰면서 작업에 임하였다.

혼자서는 할 수 없었던 작업에 언제나 도움이 되었던 분들께 감사의 마음을 전할까 한다. 늘 미안한 마음이 드는 가족들과, 사람인 출판사의 박효상 사장님, 김상호 팀장님, 조승주 대리님 그리고 이 책의 출간에 물심양면으로 도움을 주신 류건 선생님, 신일섭 조교, 윤이랑 조교에게도 아울러 감사의 뜻을 표하고 싶다.

PTT(Park's TEPS Teacher's Group) 대표 강사

박기혁

TEPS in TEPS 시리즈는
TEPS in TEPS

학생들의 자습서와 학원 교재의 성격을 둘 다 가질 수 있게 만들었다. 그래서 학원에서의 강의는 물론 독학용으로도 사용하도록 준비했다.

1. 상세한 해설을 통해 정답을 공략하는 법과 함께 오답을 피할 수 있는 Skill들을 제시하여 좀 더 높은 점수로의 도약이 가능하게 하였다.

2. TEPS의 4대 영역(독해, 어휘, 청해, 문법)과 기준 점수대별로 학습 목표와 가장 효율적인 방법들을 제시하여 좀 더 전문적이고 체계적인 학습자 맞춤형 학습이 가능하도록 하였다.

3. 애매모호한 이론이나 군더더기 설명을 최대한 배제하여 학습 시간 대비 효율성을 극대화하도록 구성하였다.

이 책의 구성과 특징
TEPS in TEPS

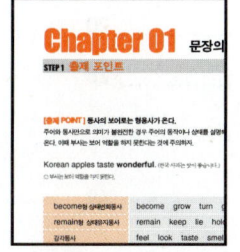

1. TEPS 문법 출제 요소들만 엄선한 　**출제 Point**

TEPS에 자주 출제되는 문법 요소들을 Point 별로 제시하였다. TEPS 문법의 핵심만을 정리한 설명을 통하여 가장 적절한 TEPS 문법의 해결책을 완성하였다.

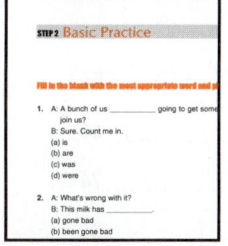

2. 출제 포인트를 적용해보는 　**Basic Practice**

간단해 보이는 문장들이지만 출제 포인트 부분을 가장 효율적으로 체크할 수 있도록 하였다. 자신의 이해도를 점검해보고 미처 알아두지 못했던 부분은 다시 한 번 정리할 수 있도록 하였다.

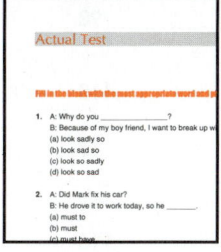

3. 자신만의 노하우를 만들어가는 　**Actual Test**

TEPS 문법 문제에 자주 나오는 것들로 구성된 random한 테스트를 통해서 각 Chapter 별 문법 요소만이 아닌 다양한 연습을 할 수 있도록 하였다.

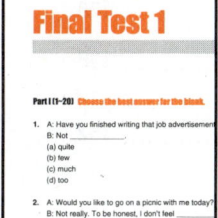

4. 실전보다 더 실전 같은 　**Final Test**

TEPS와 가장 가까운 문제들만을 엄선하여 학습자들로 하여금 실전 감각을 최고조에 이를 수 있도록 하였다. 기존의 TEPS 문제들에 대한 대비는 물론 출제가 예상되는 부분들까지 반영하여 완벽한 연습이 가능하도록 하였다.

차례
Contents

Chapter 01 문장의 형식 12
Chapter 02 시제 20
Chapter 03 수동태 28
Chapter 04 조동사 38

Actual Test 1 49

Chapter 05 가정법 54
Chapter 06 동명사와 부정사 64
Chapter 07 관사와 명사 74
Chapter 08 대명사 86
Chapter 09 관계사 98

Actual Test 2 110

Chapter 10 형용사와 부사 116
Chapter 11 분사와 분사구문 128
Chapter 12 전치사와 접속사 138

Actual Test 3 152

Chapter 13 수사, 수일치, 비교급 158
Chapter 14 특수구문 170
Chapter 15 명령문과 의문문 178
Chapter 16 화법전환 186

Actual Test 4 194

Final Test

Final Test 1 200
Final Test 2 210

정답 및 해설 222

Chapter 01

문장의 형식

Chapter 01 문장의 형식

STEP 1 출제 포인트

[출제 POINT] 동사의 보어로는 형용사가 온다.

주어와 동사만으로 의미가 불완전한 경우 주어의 동작이나 상태를 설명해주는 보어가 필요하며 보어로는 주로 명사나 형용사가 온다. 이때 부사는 보어 역할을 하지 못한다는 것에 주의한다.

Korean apples taste **wonderful**. (한국 사과는 맛이 좋습니다.)
◎ 부사는 보어 역할을 하지 못한다.

become형 상태변화동사	become grow turn go run fall	
remain형 상태유지동사	remain keep lie hold continue stay	+ 형용사
감각동사	feel look taste smell sound	

1. become형 동사 : become, grow, turn, go, run, fall...
People become quite **logical**. (사람들은 무척 논리적이 된다.)
The weather begins to turn **cool** in the fall. (가을에 날씨는 선선해진다.)

2. remain형 동사 : remain, keep, lie, hold, continue, stay...
Some universities remained **silent** on the important issues of the day.
(몇몇 대학은 그 날의 중요한 이슈에 대해 침묵했다.)

3. 감각동사 : feel, look, taste, smell, sound...
The bread felt **warm**. (그 빵은 따뜻했다.)
The soup tastes **salty**. (그 스프는 짰다.)
The flowers look **lovely**. ◎ lovely는 부사가 아닌 형용사
(그 꽃들은 사랑스럽게 보인다.)
The music sounds **heavenly**. ◎ heavenly는 형용사
(그 음악은 천상의 소리같이 들린다.)

[출제 POINT] 타동사로 착각하기 쉬운 자동사 vs. 자동사로 착각하기 쉬운 타동사

1. 타동사로 착각하기 쉬운 자동사
  바로 목적어가 올 수 없고 전치사와 함께 쓰여야 한다.

- listen to(~의 말을 듣다)
- add to(~에 더하다)
- arrive at(~에 도착하다)
- graduate from(~를 졸업하다)
- wait for(~을 기다리다)
- agree to(~에 동의하다)
- account for(~을 설명하다)
- start from(~를 출발하다)
- go into(~로 들어가다)
- look for(~을 찾다)
- object to(~에 반대하다)
- consent to(~을 동의하다)

I **went into** the room. (나는 방에 들어갔다.)
I was **looking for** my wallet. (나는 지갑을 찾고 있었다.)
He **graduated from** Seoul University in 2002.
He graduated Seoul University in 2002.(X)
(그는 2002년에 서울 대학교를 졸업했다.)

2. 자동사로 착각하기 쉬운 타동사: 전치사와 함께 쓰이지 않는다.

resemble, discuss, marry, answer, mention, date, enter, reach...

She **resembled** her mother.
(그녀는 어머니를 닮았다.)

enter into(X), approach at(X), marry with(X) inhabit in(X)
join in/at(X) oppose to(X)

단 enter into 는 '시작하다' 라는 의미의 별개 뜻이 있다.

Simple Check 1

Type A 주어진 괄호 안에 알맞은 것을 고르시오.

1. I like Chopin's music because his music sounds (sweet / sweetly).

2. Remain (to stand / standing) until you are asked to sit down.

Type B 잘못된 부분을 고치세요.

1. A pine tree grew down to the lake's edge, so we had to walk through a small pine forest to reach to the water.

2. They discussed about social problems.

[출제 POINT] 목적어를 두 개 가지는 동사

1. 목적어의 위치를 바꿀 때 사용하는 전치사

to 사용	give lend send offer teach return promise
for 사용	buy make choose find build get
of 사용	ask inquire require demand rob

You should **return** the paper **to** me.
(너는 나에게 그 서류를 돌려주어야 한다.)

He **bought** a new dress **for** his son.
(그는 그의 아들에게 새 옷을 사주었다.)

2. 목적어의 순서를 바꿀 수 없는 동사

> envy, save, forgive, cost, take, strike

I will **forgive you your sin**.(O)
I will forgive your sin for you.(X)
(나는 너에게 너의 죄를 용서해줄 것이다.)

I **envy you your success**.(O)
I envy your success for you.(X)
(나는 너의 성공이 부럽다.)

3. 목적어를 두 개 가지는 동사로 착각하기 쉬운 동사들

> explain, confess, suggest, introduce, say, mention

사람(간접)목적어를 취할 때에는 반드시 전치사 to와 함께 쓰여야 한다.

[출제 POINT] 동사에 따라 달라지는 목적격보어

'목적어 = 보어'의 관계가 성립되면 목적격보어라고 부른다. 출제 POINT 1에서 살펴본 주격보어와 마찬가지로 목적격보어 자리에는 수식어 중 형용사가 온다. 절대로 부사가 올 수 없다.

1. 목적격보어로 to부정사가 오는 경우

> want, expect, tell, ask, allow, persuade

2. 목적격보어로 동사원형이나 분사가 오는 경우

사역동사와 지각동사는 5형식 문장을 이룰 때, 목적보어 자리에 원형부정사나 분사가 오며 이 두 가지 동사들은 목적보어 자리에 to부정사가 올 수 없다.

They **made** us **participate** in the game. → to participate (X)
(그들은 우리를 그 경기에 참가시켰다.)
He **had** them **wait** in the cab. → to wait (X)
(그는 그들을 택시 안에서 기다리게 했다.)

Simple Check 2

Type A 주어진 괄호 안에 알맞은 것을 고르시오.
1. She asked a question (for / of) me.
2. Professor Black had us (write / to write) compositions every Friday.

Type B 잘못된 부분을 고치세요.
1. It is my great pleasure to introduce you Dr. Kim.
2. He doesn't allow his son have a girl friend.

STEP 2 Basic Practice

Fill in the blank with the most appropriate word and phrase.

1. A: A bunch of us _____ going to get something to eat after class, so why don't you join us?
   B: Sure. Count me in.
   (a) is
   (b) are
   (c) was
   (d) were

2. A: What's wrong with it?
   B: This milk has _____.
   (a) gone bad
   (b) been gone bad
   (c) gone badly
   (d) been gone badly

3. A: Do you like Larry's new suit?
   B: Yes, I think it makes _____ handsome.
   (a) he looks
   (b) him look
   (c) him looking
   (d) him to look

4. A: When do your family arrive?
   B: I expect _____ at 10:00.
   (a) them coming
   (b) their be coming
   (c) them to come
   (d) they come

5. A: Look how deep the snow is.
   B: _____ big snowstorm last night.
   (a) We have a
   (b) That was
   (c) There was a
   (d) It was the

6. A: A school is where people go to get an education in US.
   B: Nevertheless, it _____ that today children interrupt their education to go to school.
   (a) has been told
   (b) said
   (c) told
   (d) has been said

7. These ads try to make people _____ sorry because they don't do something important, such as serving their children good food.
   (a) to feel
   (b) felt
   (c) feel
   (d) feeling

8. Lobbyists who represent special interest groups get congress _____ that benefits their groups.
   (a) to pass the legislation
   (b) pass the legislation
   (c) passing the legislation
   (d) passed the legislation

9. The house cost _____.
   (a) him a great deal of money
   (b) a great deal of money to him
   (c) a great deal of money for him
   (d) a great deal of money him

10. Charles Lindberg told reporters _____ never been deterred from attempting to cross the Atlantic alone even though others had failed.
    (a) that he had
    (b) that he had it
    (c) had it
    (d) his having

11. Economically, the dynamism of the East Asian region _____ although the high growth rate of the 1960s and early 1970s may not be repeated.
    (a) is expected remaining
    (b) are expected to be remained
    (c) is expected to remain
    (d) are expected remaining

12. J. Robert Oppenheimer, who was perhaps the most brilliant nuclear physicist in the 20th century, _____ 'the father of the atomic bomb.'
    (a) often referring as
    (b) often refers as
    (c) is often referred to
    (d) is often referred to as

Identify the grammatical error in the dialogue.

13. (a) A: What would you do if you were in a restaurant, you saw someone to choke, but no one else saw him?
    (b) B: There's one thing I wouldn't do. I wouldn't pretend not to notice.
    (c) A: I'd probably call a waiter.
    (d) B: Me, too. I think that's the best thing to do.

14. (a) A: That's Cathy! She's always late.
    (b) B: Have you talked it over with her and encouraged her being on time?
    (c) A: Look, I've talked till I'm blue in the face. It's out of the question, she just doesn't seem to care.
    (d) B: There must be something you can do.

Identify the ungrammatical sentence in the passage.

15. (a) Competition is an important part of development in many ways. (b) At the personal level, competition allows us becoming the best individual we can be. (c) By competing with others in sports, for example, we can raise our level of athletic performance. (d) In business, competition controls the market by making companies develop new ideas to ensure survival.

Chapter 02
시제

Chapter 02 시제

STEP 1 출제 포인트

[출제 POINT] 미래시제로 대용되는 현재

1. 왕래발착 동사에서의 시제표현

왕래발착 동사가 미래표시 부사나 부사구와 함께 쓰였을 때, 현재나 현재진행 시제를 사용한다.(미래 조동사 will은 같이 쓰지 않는다.)
I **leave[am leaving]** next Monday.
(나는 다음 주 월요일에 출발한다.)

일반적으로 곧 일어날 동작에는 현재진행형을, 이미 정해진 계획을 얘기할 때는 현재 시제를 주로 쓴다.
We **are leaving** this island right now.
(우리는 즉시 이 섬을 떠날 것이다.)

2. 시간과 조건의 부사절에서 현재가 미래 대용

시간의 부사절에서 아직 이루어지지 않은 상황이라면 현재 시제를 쓴다
When Mr.Kim **comes**, we will see him. →will come(X)
(김씨가 올 때, 우리는 그를 볼 것이다.)

조건의 부사절에서도 아직 이루어지지 않은 상황이라면 현재시제를 쓴다.
I will stay home if it **rains** tomorrow. →will rain(X)
(내일 비가 온다면 집에 머무를 것이다.)

[출제 POINT] 진행형으로 사용하지 않는 동사들

상태	be resemble differ appear live
감정	like hate fear dislike prefer
인식	agree know believe remember think
지각	see hear taste feel fear
소유	possess belong to own have

위 동사들은 지속적인 의미나 상태, 판단을 나타내는 동사로 진행시제로 쓸 수 없다.

She **possesses** great charm.(O) ● '가지고 있다'는 지속적 상태
She is possessing great charm.(X)
(그녀는 대단한 매력을 가지고 있다.)

소유동사 own은 법적인 소유의 의미를, possess는 주로 무형물에 쓴다.

Simple Check 1

Type A 주어진 괄호 안에 알맞은 것을 고르시오.

1. The train (will arrive / is arriving) soon.
2. Let's wait until he (comes / will come).

Type B 잘못된 부분을 고치세요.

1. I am believing what he says.
2. The house is belonging to me.

[출제 POINT] 출제 빈도가 높은 현재완료 용법

1. 완료 : just(just now X), already, yet, recently, lately, this week 등의 부사와 함께 쓰이는 경우가 많다.
I **have already seen** the movie.
(나는 그 영화를 이미 보았다.)
I **have just finished** what you ordered.
(당신이 주문했던 것을 방금 막 끝냈습니다.)

2. 계속 : since + 과거시점, for + 기간, how long, these days, all day 등의 부사구와 함께 쓰이는 경우가 많다.
I **have kept** all her letters **for 10 years**.
(나는 그녀의 편지를 10년 동안 계속 간직해왔다.)

3. 경험 : ever, never, seldom, before, often 또는 횟수를 표현하는 once, twice, three times 등과 함께 쓰이는 경우가 많다.
I **have ever stolen** others' things.
(나는 타인의 것을 훔친 적이 있다.)

4. 결과 : 과거에 일어난 결과가 현재까지 영향을 미치는 경우로 함께 쓰이는 부사가 생략된다.
I **have lost** my bankbook.
(나는 은행 통장을 분실했다.)

[출제 POINT] 주의할 용법: have been to와 have gone to

- have been to + 장소 : ~에 가본 적이 있다(경험) ◎ 완료 해석도 가능
- have gone to + 장소 : ~로 가 버렸다(결과)
- have been in + 장소 : ~에 살았던 적이 있다

She **has been to the school** to see a teacher.
(그녀는 선생님을 뵈러 학교에 간적 있다.) ◎ 경험
(그녀는 선생님을 뵈러 학교에 다녀왔다.) ◎ 완료

She **has gone to the school** to see a teacher.
(그녀는 선생님을 뵈러 학교에 갔다. →가고 이곳에 없다.) ◎ 결과

Simple Check 2

Type A 주어진 괄호 안에 알맞은 것을 고르시오.

1. The team (has never / never had) lost home-game.
2. I have (been / gone) to New York.

Type B 잘못된 부분을 고치세요.

1. I have not seen him ago Sunday.
2. By 2010, scientists surely must have discovered a cure for the common cold.

STEP 2 Basic Practice

Fill in the blank with the most appropriate word and phrase.

1. A: Will you be passing the post office when you _____?
   B: Yes, why?
   (a) are gone
   (b) will be gone
   (c) will go out
   (d) go out

2. A: How can I recognize her when I see her?
   B: She _____ a yellow hat.
   (a) will be wearing
   (b) will be wore
   (c) was wearing
   (d) is being wore

3. A: Did Tom take the exam?
   B: No, he was going to take it, but then he _____ his mind.
   (a) changes
   (b) changed
   (c) had changed
   (d) will have changed

4. A: When is Tom going to start his new job?
   B: He _____.
   (a) had already started
   (b) was already starting
   (c) has already started
   (d) will have already started

5. A: What are you doing? Did you finish your homework?
   B: No, I _____ video games.
   (a) am playing
   (b) have been playing
   (c) will have played
   (d) had played

6. A: Do you think _____ late tonight?
   B: I don't think so. I should be home at the usual time.
   (a) you will be at home
   (b) will you be home
   (c) you'll be home
   (d) will you be at home

7. His political influence over the last ten years _____ considerably.
   (a) have grown
   (b) has grown
   (c) is grown
   (d) are grown

8. That rock _____ a beast's face.
   (a) is resembling
   (b) resembles
   (c) is resembled with
   (d) is resembled

9. I _____ New york two times when young.
   (a) am in
   (b) have been to
   (c) have gone to
   (d) will have gone to

10. Ms. Dora _____ for Brazil this weekend.
    (a) is leaving
    (b) will have leaved
    (c) will being leaved
    (d) will leaved

11. I will go home on vacation as soon as I _____ my examinations.
    (a) will have finished
    (b) will finish
    (c) finish
    (d) am finishing

12. _____ to have killed himself.
    (a) They are believing
    (b) He is being believed
    (c) It is being believed
    (d) He is believed

Identify the grammatical error in the dialogue.

13. (a) A: Really? Did you call a plumber?
    (b) B: Yeah. He is supposed to be here half an hour ago, but he hasn't shown up yet.
    (c) A: Don't worry. I'll be home soon.
    (d) B: Dad, actually I need to leave now for my study group.

Identify the ungrammatical sentence in the passage.

14. (a) There's zero evidence that China would consider abandoning its one-child-per-family policy. (b) It's arguably a big success: while the average woman have nearly five children in the 1970's, now she has about two. (c) The fertility rate approaches that of rich countries. (d) The government obviously worries that even a rumor of change would send birthrates spiking all over the Chinese countryside.

15. (a) Suppose you go into a fruiter's shop, wanting an apple,—you take up one, and, on biting it, you find it sour; (b) You look at it, and see that it is hard and green. (c) The shopman offers you another one; but before biting it, you find that it is hard and green. (d) You immediately say that you are not having it as it must be sour.

Chapter 03
수동태

Chapter 03 수동태

STEP 1 출제 포인트

[출제 POINT] 수동태를 쓸 수 없는 경우

1. 자동사는 원칙적으로 수동태가 될 수 없다. (단, 동사 자체가 수동의 의미로 해석될 수는 있다.)

look, seem, appear, smell, sound, taste, feel

The students **remained** silent. (O) → were remained(X)
(학생들이 침묵을 지키고 있었다.)
The price of bread **will rise** next year. (O) → be risen(X)
(빵의 가격이 내년에 오를 것이다.)

2. 3형식으로 쓰이는 동사 (타동사) 중에서도 수동태로 표현할 수 없는 동사들이 있다.

● 소유나 상태의 의미를 가지는 동사

소유	have possess belong cost
상태	resemble meet become escape lack

He **resembles** his mother. (O)
He is resembled by his mother. (X)
(그는 그의 엄마를 닮았다.)

● 사역동사: let
I **let** him go there. (O)
He was let go there by me. (X)
(나는 그를 그곳에 가게 했다.)

◎ 사역동사 let의 수동은 같은 의미를 가지는 be allowed to로 쓸 수 있다.
He is allowed to go there. (O)
(그는 거기에 가도록 허가받았다.)

[출제 POINT] 혼동되는 자동사와 타동사

다음의 동사들은 서로 형태가 유사하여 혼동하기 쉬운 동사들이다.

현재형	과거형	과거분사(p.p.)	의 미
lay	laid	laid	타 ~을 놓다,(물건을) 두다, 눕히다
lie	lay	lain	자 ~이 눕다, 놓여 있다 → 수동태(X)
lie	lied	lied	자 거짓말하다 타 거짓말하여 빼앗다
raise	raised	raised	타 재배하다, ~을 올리다
rise	rose	risen	자 (물가가) 오르다, (해, 달이) 뜨다 → 수동태(X)
arise	arose	arisen	자 (폭풍이) 일다, (일이) 생기다

He **lay** down on grass.
(그는 잔디 위에 누웠다.)
He **raised** his right hand.
(그는 오른손을 들었다.)
He **rose** early this morning.
(그는 오늘 아침 일찍 일어났다.)
The lost boy **was found** dead in the woods.
(그 미아가 숲에서 죽은 채로 발견되었다.)
This company **was founded** in 1955.
(이 회사는 1955년에 설립되었다.)

Simple Check 1

Type A 주어진 괄호 안에 알맞은 것을 고르시오.

1. The rain (lasted / was lasted) for hours.
2. He (lay / laid) his baby on grass.

Type B 잘못된 부분을 고치세요.

1. The police office was escaped by a robber.
2. Such things can be happened from time to time.

[출제 POINT] 수동태의 시제

1. 진행시제의 경우

He **was writing** a novel.
○ 진행시제의 수동은 〈be being p.p〉 형태로 표현한다.

= A novel **was being written** by him.
(한 소설이 그에 의해 쓰여지고 있다.)

2. 완료시제의 경우

Many scientists **have invented** a lot of inventions.
○ 완료시제의 수동은 have been p.p 형태로 표현한다.

= A lot of inventions **have been invented** by many scientists.
(많은 발명품들이 다수의 과학자들에 의해 발명되어 왔다.)

[출제 POINT] 주의해야할 수동태 유형

1. 조동사가 사용된 경우 다음과 같이 변형할 수 있다.

They **need not reconstruct** the house.
○ 조동사가 사용된 경우 〈조동사+be+p.p〉 형태로 표현한다.

= The house **need not be reconstructed** by them.
(그 집은 그들에 의해 재건축될 필요가 없다.)

I used to annoy my brother.
= My brother **used to be annoyed** by me.
(나의 동생은 나에 의해 괴롭힘을 당하곤 했다.)

2. 사역동사와 지각동사의 수동태

사역동사와 지각동사가 수동태로 전환될 때 능동태의 원형부정사는 to부정사로 전환된다.
We heard him sing a song. ○ 원형부정사
= He **was heard to** sing a song. ○ to부정사
(우리는 그가 노래하는 것을 들었다.)

He made me clean his room. ○ 원형부정사
= I was **made to clean** his room by him. ○ to부정사
(그는 내가 그의 방을 청소하게 했다.)

[출제 POINT] 수동태 전환 시의 주의할 전치사

1. know

> be known (as): ~로 유명하다, ~로 알려져 있다
> be known (for): ~ 때문에 유명하다
> be known (by): ~에 의해 판단되다
> be known (to): ~에게 알려지다, 잘 알려져 있다

He **is known as** a novelist.
(그는 소설가로서 알려져 있다.)
He **is known for** his strength.
(그는 힘으로 유명하다.)
A man **is known by** his company.
(사람은 친구를 봐야 알 수 있다.)
The song **is known to** everybody.
(그 노래는 누구나 다 알고 있다.)

2. make

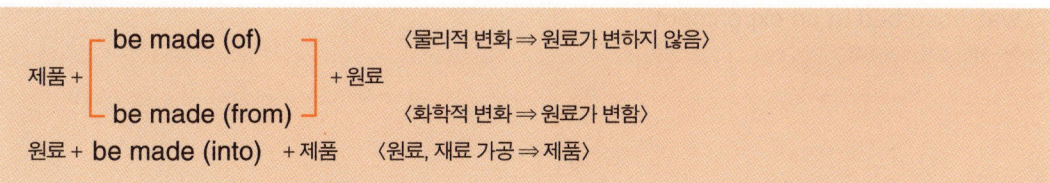

This house **was made of** stone.
(이 집은 돌로 지어졌다.)
Wine **is made from** grapes.
(와인은 포도로 만들어진다.)
Milk **is made into** butter.
(버터는 우유로 만들어진다.)

3. 기타 혼동하기 쉬운 경우

충만의 with	be filled with(~로 가득 차다) be covered with(~로 덮이다) be satisfied with(~에 만족하다)
방향의 to	be devoted to(~에 전념하다) be exposed to(~에 노출되다)
전념의 in	be engaged in(~에 종사하다) be interested in(~에 흥미있다) be absorbed in(~에 몰두하다) be caught in(~에 묶이다)
구성, 재료, 원인의 of, from	be derived from(~에서 유래하다) be composed of(~로 구성되다) be ashamed of(~을 부끄러워하다)

The trees are almost covered **with** blossoms.
(나무들이 거의 꽃들로 가득 차 있다.)
I was absorbed **in** an experiment.
(나는 어떤 실험에 몰두했다.)

Simple Check 2

Type A 주어진 괄호 안에 알맞은 것을 고르시오.

1. The novel (composes of / is composed of) facts.
2. All his time and energy were devoted (for / to) writing the book.

Type B 잘못된 부분을 고치세요.

1. Michael is wanted to take part in the game.
2. The song is known for everybody.

STEP 2 Basic Practice

Fill in the blank with the most appropriate word and phrase.

1. A: Where do you come from?
   B: I _____ in Busan, but was raised in Seoul.
   (a) was born
   (b) had born
   (c) have born
   (d) am born

2. A: Why _____ their diseases and not by their names?
   B: Maybe to prevent doctors from being emotional.
   (a) do patients call
   (b) did patients called to
   (c) are patients called by
   (d) did patients calling by

3. A: Do you have a permit, sir?
   B: Yes, I know. The right to assemble at sea _____ without written and expressed authorization from the Coast Guard. Right?
   (a) is strictly forbidden
   (b) forbids strictly
   (c) has being forbidden strictly
   (d) has strictly forbidden

4. A: Why was the boss so angry?
   B: No work _____ when we arrived at the site.
   (a) was not done
   (b) was having done
   (c) was being done
   (d) will have been done

5. A: According to the incident report, you _____ by a neighbor at her house that night.
   B: Neighbor's mistaken. I was not there on the night.
   (a) have been seen
   (b) are seen
   (c) were seen
   (d) have seen

6. A: Is it true that cows _____ to read in New Zealand?
   B: Don't be silly. That doesn't make sense.
   (a) are being taught
   (b) is being taught
   (c) has taught
   (d) have taught

7. A man is known _____ the company he keeps.
   (a) by
   (b) for
   (c) from
   (d) to

8. Practically everything humans perceive, know, think, value, feel, and do _____ through participation in a sociological system.
   (a) is learned
   (b) are learned
   (c) learned
   (d) have learned

9. Some computer games have both educational and entertainment value: others _____ purely for fun.
   (a) are designed
   (b) is designed
   (c) designed
   (d) has designed

10. No matter what road _____, the sailor will cooperate with his friends in overcoming the difficulty.
    (a) chooses
    (b) is chosen
    (c) will be chosen
    (d) will choose

11. This room is going _____ next week.
    (a) to paint
    (b) to be painted
    (c) to being painted
    (d) to painting

12. Before I left, I _____ a cup of juice by her.
    (a) was offered
    (b) have offered
    (c) have been offered
    (d) was being offered

Identify the grammatical error in the dialogue.

13. (a) A: What is the role of the teacher?
    (b) B: The teacher's initial role is that of a counselor.
    (c) A: What language skills emphasized?
    (d) B: The most important skills are understanding and speaking the language. Reading and writing are also worked on, however, based upon what the students have already understood.

14. (a) A: You sure are concentrating! What's so interesting?
    (b) B: Oh, Hi, Ed, I didn't hear you come in. I'm thinking of investing in that shopping center going up near Tiburon Beach, so I was just reading about the proposed shops for the center.
    (c) A: If you want my opinion, I'd like to say. Look before you leap. That center has built on a landfill.
    (d) B: I see. I am also wary of problems with setting, let alone an earthquake.

Identify the ungrammatical sentence in the passage.

15. (a) All travellers should ensure they have adequate travel insurance before they depart. (b) A suitable insurance policy should provide coverage for medical expenses arising from illness or accident prior to or during their vacation, loss of vacation money, and cancellation of the holiday. (c) Please keep your insurance policy and emergency contact details with you at all times. (d) Before departure, you will required to provide your tour leader with a copy of your insurance policy covering the period of travel.

Chapter 04

조동사

Chapter 04 조동사

STEP 1 출제 포인트

[출제 POINT] 조동사 can/could

가능 / 능력	과거 could/was[were] able to 미래 will[shall] be able to	~할 수 있었을 것이다 ~할 수 있을 것이다
추측	과거 cannot have + p.p. 확신 must	~하였을 리 없다 ~였음에 틀림없다

1. 허가: ~하여도 좋다
You **can** stay longer. (당신은 더 머무르셔도 좋습니다.)

2. 의뢰: ~하여 주시겠습니까?
Could you give me a hand? (도와주시겠습니까?)

3. 금지: ~해서는 안 된다 (cannot = must not)
You **cannot** talk with someone while I speak. (내가 말하는 동안 너희들은 대화할 수 없다.)

4. ~하지 않을 수 없다

> cannot help + -ing
> (=cannot but + 동사원형)
> (=cannot help[choose] but + 동사원형)
> (=have no choice but + to부정사)

I **cannot help laughing** at him. (나는 그를 보고 비웃지 않을 수 없다.)
= I **cannot but laugh** at him.
= I **cannot help[choose] but laugh** at him.
= I **have no choice but to laugh** at him.

5. 아무리 ~해도 지나치지 않다 (cannot ~ too)
You **cannot** be **too** kind. (아무리 친절해도 지나치지 않다.)
You **cannot** study **too** hard. (공부는 아무리 해도 지나치지 않다.)

[출제 POINT] 조동사 may/might

1. may/might

내용 \ 용법	허가	추측
의미	~해도 좋다	~일지도 모른다
부정	may not〈불허가〉 must not〈금지〉	may not(아닐지도 모른다)
과거	be allowed to 동사원형	may have p.p.

It **may[might]** rain tomorrow. ◎추측
(내일 눈이 올 것 같다.)

2. 조동사 may의 기타 표현

- may well + 동사원형: ~하는 것도 당연하다
  Housewives **may well** complain on Holiday like Chuseok.
  (주부들이 추석 같은 명절에 불평하는 것도 당연하다.)

- may as well + 동사원형: ~하는 것이 낫다
  You **may as well** go home. = You had better go home. (너는 집에 가는 것이 낫다.)

- might as well + 동사원형(A) + as + 동사원형(B): B할 바엔 A하는 것이 낫다
  You **might as well** stop studying as do in that way. (그러한 식으로 공부하느니 그만 두는게 낫겠다.)

- 기원문의 may
  May you live long! (장수하시기를!)

- 양보의 may
  Whoever **may** say so, you must not believe it. (누가 그렇게 말하더라도, 너는 그것을 믿어서는 안 된다.)

Simple Check 1

Type A 주어진 괄호 안에 알맞은 것을 고르시오.

1. I cannot help but (laugh / laughing) at the sight.

2. You may as well (start / to start) early.

Type B 잘못된 부분을 고치세요.

1. When I lived near the workplace, I might reach the office on time.

2. I have no choice but laugh at the sight.

[출제 POINT] 조동사 must

- 필요, 의무, 명령 : ~해야 한다
  = have to ↔ need not = don't have to = have not to
  〈비교〉 must not (금지)
- 추측 : ~ 임에 틀림없다, 반드시~일 것이다
  과거 추측 : must have p.p. : ~하였음에 틀림없다

must는 미래나 과거형이 없기에 have to의 변형형태를 사용한다. 단, 종속절이나 간접화법에서는 must를 그대로 쓰는 경우가 더 많다.

You **will have to** study harder than now. ◎ 미래
(너는 지금보다 더 열심히 공부해야 할 것이다.)
You **had to** study hard. ◎ 과거
(너는 열심히 공부해야 했다.)
He told me that I **must** go. ◎ 시제의 일치
(그는 내가 가야한다고 말했다.)

[출제 POINT] 조동사 will / would

1. will

- 단순미래: 인간의 의지와 무관 (=be going to + 동사원형)
- 의지미래: 인간의 의지와 관련 (=be willing to + 동사원형)
  〈서술문 : 화자의 의지 / 의문문 : 청자의 의지〉
- 의지, 고집, 거절, 습관: ~하려고 하다
- 미래완료: will have p.p.

I'll **have finished** this work by tomorrow. ◎ 미래완료(주로 by와 쓰임)
(나는 이 일을 내일까지 끝낼 것입니다.)

2. would

- 과거의 습관: ~하곤 했었다 〈불규칙적 습관〉
- 과거의 의지, 거절, 고집: 기어이 ~하려 하였다
- 공손한 부탁: ~해 주시겠습니까? 〈will보다 공손함〉
- 소망, 의지: ~이기를 바라다

She **would** go despite our opposition. ◐ 과거의 고집
(그녀는 우리의 반대에도 불구하고 가려고만 했다.)
Would you do me a favor? ◐ 부탁
(도와주시겠습니까?)

Simple Check 2

Type A 주어진 괄호 안에 알맞은 것을 고르시오.

1. He (had to / must have) misunderstood me because I never said that I would meet him there.

2. He (does not may have / may not have) moved from his old house.

Type B 잘못된 부분을 고치세요.

1. You'd better put the ice cream so that it doesn't melt.

2. One who must succeed in life would work hard.

[출제 POINT] 조동사 shall / should

1. shall
You **shall** do it. ● 의지미래
(이것을 네가 하게 하겠다.)

Shall we go out for shopping? ● 의지를 물음
(쇼핑하러 가실래요?)

2. should
● 의무, 당위성: ~해야 한다, ~하지 않으면 안 된다 (ought to, must보다 약한 의미)
You **should** obey your parents. ● 의무, 당위성
(너는 부모에게 순종해야 한다.)

● 긍정적 추측, 기대: (아마) ~일 것이다
The doctor said that I **should** be better soon. ● 추측, 기대
(의사는 내가 곧 좋아질 것이라고 말했다.)

● 후회, 유감
should have p.p.: ~하여야 했다(그런데 하지 않았다)
should not have p.p.: ~하지 말았어야 했다(그런데 했다)

[출제 POINT] 조동사 have p.p.

cannot have p.p.	~했을리 없다	
may have p.p.	~이었을런지도 모른다	〈과거의〉 추측
must have p.p.	~이었음에 틀림없을 것이다	
should have p.p. ought to have p.p.	〈과거에〉 ~했어야 했는데 하지 않아 〈현재〉 후회스러움	
need not have p.p cf.didn't need to V	~할 필요가 없었는데 했다〈가정법〉 cf.~할 필요가 없었다	

He **should have come** earlier. (그는 더 일찍 왔어야만 했다.)
He **must have come** early. (그는 일찍 왔음에 틀림없다.)
They **should not have seen** the game. (그들은 그 경기를 보지 말았어야 했다.)
They **must not have seen** the game. (그들은 그 경기를 보지 않았음에 틀림없다.)

[출제 POINT] 조동사 ought to / used to

1. ought to

- 의무: ~해야 한다
- 당연: ~하는 것은 당연하다
- 강한 추측: ~일 것이다

He **ought to** do it at once. (그는 이것을 즉시 해야 한다.) ⊙ 의무
He **ought to** be punished. (그는 벌을 받는 게 당연하다.) ⊙ 당연
He **ought to** have arrived by this time. (그는 지금까지 도착해있어야 한다.) ⊙ 강한 추측

2. used to

- 과거의 규칙적인 습관: ~하곤 했다
  cf. would는 과거의 불규칙적 습관
- 과거의 상태: 원래는[이전에는]~이었다 〈현재는 아님〉
- be used to + 명사[동명사]: ~에 익숙하다
  (=be accustomed to + 명사, 동명사[동사원형])
  be used to + 동사원형: ~하는데 사용되다

She **used to** take a walk with her dog. ⊙ 과거의 규칙적 습관 (그녀는 개를 데리고 산책을 하곤 했다.)
There **used to** be a church near my house. ⊙ 과거의 상태 (집 근처에 교회가 있었다.)
I am **used to driving** a car. = I am accustomed to drive[driving] a car. (나는 운전에 익숙하다.)
I am used to drive a car. (X) (나는 차를 운전하는데 사용-된다.)

Simple Check 3

Type A 주어진 괄호 안에 알맞은 것을 고르시오.

1. We didn't study history last night, but we (could have / had studied).

2. This regulation has become quite out of date; it (had / should have) been abolished a long time ago.

Type B 잘못된 부분을 고치세요.

1. I can read the book, but I hardly remember I have.

2. If you want to stay out of trouble, you had better not to make any mistakes.

STEP 2 Basic Practice

Fill in the blank with the most appropriate word and phrase.

1. A: Henry passed me on the street without speaking.
   B: He _____ you.
   (a) can't see
   (b) should see
   (c) may have seen
   (d) can't have seen

2. A: The party was great. You _____ . Why didn't you?
   B: I was sick.
   (a) shouldn't have come
   (b) should have come
   (c) may have come
   (d) may come

3. A: Can you give me a hand?
   B: I'm sorry. Why don't you ask Fall? He _____ to help you.
   (a) can be able
   (b) might be able
   (c) should be able
   (d) need

4. A: Are you going out tonight?
   B: I _____ I've got a lot of work to do.
   (a) had better
   (b) had not better
   (c) had better not
   (d) had better not gone

5. A: I can't find my bag anywhere.
   B: You _____ in the store.
   (a) can left
   (b) should have left
   (c) may have left
   (d) might have left

6. A: I'm afraid my leg is broken.
   B: Oh ! I _____.
   (a) hope not
   (b) hope so
   (c) do not hope
   (d) do not hope so

7. When Susan was a child, she _____ goes to the sea and throw pebbles.
   (a) will
   (b) shall
   (c) would
   (d) may

8. Everywhere we went, we _____ easily find the children sitting alone on the road.
   (a) may
   (b) could
   (c) should
   (d) might

9. If I were to meet him at my magic dinner, all my mysteries _____
   (a) was answered
   (b) were answered
   (c) would be answered
   (d) should be answered

10. Both assassins, John Booth and Harvey Oswald, were murdered before they _____ to trial.
    (a) could be brought
    (b) could have brought
    (c) should have brought
    (d) should be brought

11. If a cat has no spin when it is released and experiences no external torque, it _____ able to twist around as it falls.
    (a) ought not to be
    (b) ought not to
    (c) ought to not
    (d) ought to not be

12. Makepeace, an experienced pilot, knew he _____ take the plane into a vertical dive in order to slip away from the Germans.
    (a) must
    (b) had to
    (c) have to
    (d) would

Identify the grammatical error in the dialogue.

13. (a) A: If you wouldn't mind sharing your office with two new members...
    (b) B: Sharing my office?
    (c) A: I don't like asking you. I mean, I would like to have avoided it, but I can't help it.
    (d) B: No, but it's quite all right. I understand.

Identify the ungrammatical sentence in the passage.

14. (a) Few people are aware that 1883 is an important year in the history of the Korean press. (b) In that year the newspaper was first published in Korea in an effort to educate the people and bring necessary changes to the country. (c) It must close in 1888 because of lack of money. (d) In spite of its short life, it changed forever how people got their news in Korea.

15. (a) When they enter the eye of an observer, they set off a chain of neurochemical events, the end product of which is an internal mental image that we call color. (b) The essential point here is: (c) What we perceive as color is not made up of color. (d) Although an apple should appear red, its atoms are not themselves red.

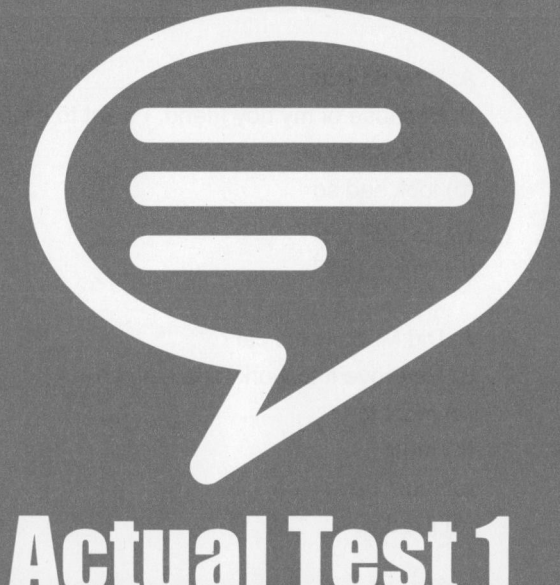

Actual Test 1

Actual Test 1

Fill in the blank with the most appropriate word and phrase.

1. A: Why do you _____?
   B: Because of my boy friend, I want to break up with him.
   (a) look sadly so
   (b) look sad so
   (c) look so sadly
   (d) look so sad

2. A: Did Mark fix his car?
   B: He drove it to work today, so he _____.
   (a) must to
   (b) must
   (c) must have
   (d) fixed

3. A: Does your husband let you _____ your household money freely?
   B: Sure. How about your husband?
   (a) spending
   (b) spent
   (c) to spend
   (d) spend

4. A: Can you and Mary both ski?
   B: No, she can ski but I _____.
   (a) can't too
   (b) can't
   (c) can't to
   (d) can't either

5. A: Have you read *Hamlet*?
   B: No, I _____ any of Shakespeare's plays.
   (a) have read
   (b) haven't read
   (c) was reading
   (d) wasn't reading

6. A: Was Tom there when you arrived?
   B: No, he _____ home.
   (a) has not already gone
   (b) was already going
   (c) is already going
   (d) had already gone

7. A: Who opened the door?
   B: The door _____ by him.
   (a) do open
   (b) did opened
   (c) were opened
   (d) was opened

8. A: Would you recommend a great dentist?
   B: Dr. Crane. He _____ a good dentist in this area.
   (a) is recognized as
   (b) recognized with
   (c) recognizes as
   (d) has being recognized for

9. A: How was the exam?
   B: I _____ it if I had known that it would be so difficult.
   (a) would have taken
   (b) wouldn't take
   (c) would take
   (d) wouldn't have taken

10. A: Well, there's a movie on television. It sounds interesting.
    B: We _____ watch it. There's nothing else to do.
    (a) can
    (b) must
    (c) should
    (d) might as well

11. There _____ few passengers, who were not injured.
    (a) were
    (b) was
    (c) is
    (d) are

12. In Scandinavian countries household goods are devised both to function well _____.
    (a) and to be looking beautiful
    (b) and to look beautiful
    (c) and to be beautiful
    (d) as well as to look beautifully

13. The police _____ over 20 arrests in that case so far.
    (a) have made
    (b) has made
    (c) had made
    (d) made

14. The president will talk about it at the conference when our clients _____ an inquiry.
    (a) having
    (b) had
    (c) will have
    (d) have

15. A: So much paper _____ nowadays that we are gradually losing our forests.
    B: I agree.
    (a) is used
    (b) was used
    (c) were used
    (d) are used

16. _____ our life to worthwhile actions, feelings and thoughts.
(a) Let us to devote
(b) Let to devote by us
(c) Let us devote
(d) Let us devoting

17. A variety of _____ displayed in the department store.
(a) clothings was
(b) clothing was
(c) clothings were
(d) clothing were

18. It is too easy for young people to see the weaknesses of other people, so there is no one they _____.
(a) must be respect
(b) should respect
(c) can be respected
(d) can respect

19. When television became popular, many people thought it would be the end of radio, but it _____.
(a) didn't
(b) weren't
(c) haven't
(d) wasn't

20. We can go to the party, _____.
(a) neither can John
(b) so John can
(c) but John can't
(d) so is John

Identify the grammatical error in the dialogue.

21. (a) A: Is Mrs. Smith in?
    (b) B: She's in an editorial board meeting at the moment. Can I help you?
    (c) A: I want to check the status of my book.
    (d) B: Oh, let me to check your file. We're going to start printing it next week.

22. (a) A: Hey, Peter. I forgot to bring my camera.
    (b) B: Oh, that's OK. I can get one from the office.
    (c) A: Should I buy some film?
    (d) B: No, it's a digital camera. Hey, but make sure you buy two of the band's-shirts before they will sell out. This is their last concert ever.

23. (a) A: What are some characteristics of the teaching & learning process?
    (b) B: This method conducted in a classroom in which students are as comfortable as possible. Ideally, easy chairs, soft lighting, and music are all available to contribute to a relaxing environment.
    (c) A: What areas of language are emphasized?
    (d) B: Vocabulary is emphasized. Grammar is dealt with explicitly but minimally. Speaking communicatively is emphasized.

Identify the ungrammatical sentence in the passage.

24. (a) Ethics begins with our being conscious that we choose how we behave. (b) For instance, we can either tell the truth or tell a lie. (c) These two possibilities are presented to us as options. (d) We are capable of do either one because we can control our actions.

25. (a) When a citizen votes for a Presidential candidate he makes, in effect, a prediction. (b) He chooses among from the contenders the one who he thinks (or feels, or guesses) would be the best President. (c) He operates in a situation of immense uncertainty. (d) If he has a long voting history he can recall time and time again when he guessed wrong.

Chapter 05

가정법

Chapter 05 가정법

STEP 1 출제 포인트

[출제 POINT] 제안, 요구, 주장 동사와 that + should

다음의 어휘들은 종속절의 동사에 '의무나 당위성(~해야 한다.)' 의 의미가 들어가야 한다. 이런 동사들이 주절에서 형용사, 명사형으로 나와도 같은 형식 'should(생략 가능) + 동사원형' 이 와야 한다.

> 제안(suggest) 충고(advise, recommend) 주장(insist, urge)
> 요구(demand, require, request) 명령(order) 결정(decide)

- 동사로 사용된 경우
  She **suggested** that we **(should) clear** the pavement of snow.
  (그녀는 우리가 눈덮인 도로를 청소해야 한다고 제안했다.)

- 명사로 사용된 경우
  He made the **suggestion** that I **(should) flee** abroad.
  (그는 내가 해외로 도망쳐야 한다고 제안했다.)

- 형용사로 사용된 경우
  It is **necessary** that we **(should) respect** old teachers.
  (우리는 나이 많으신 선생님들을 존경하는 것이 필요하다.)

[출제 POINT] 가정법 과거와 과거완료

종류	형태		의미
	조건절(If절)	주절	
과거	If + S + 과거형 (be동사는 주로 were)	S + 조동사과거형 + 동사원형	현재 사실의 반대
과거완료	If + S + had p.p.	S + 조동사과거형 + have p.p	과거 사실의 반대

1. 가정법 과거

If I knew his name, **I could find** him. ◎ 조건절의 동사가 과거형이면, 주절의 동사는 '조동사의 과거형 + 동사원형'
(만일 내가 그의 이름을 안다면, 그를 찾을 수 있을텐데.)

2. 가정법 과거완료

If I had been you, **I could have helped** him. ◎ 과거 사실에 대한 가정이나 상상을 의미한다.
(만일 내가 너였다면, 그를 도울 수 있었을 텐데.)

Simple Check 1

Type A 주어진 괄호 안에 알맞은 것을 고르시오.

1. It was proposed that we (act / acted) at once.
2. If I had voted against him, he would (have to / have had to) resign.

Type B 잘못된 부분을 고치세요.

1. If I have known his name, I could have found him.
2. If I was you, I could help him.

[출제 POINT] 시제가 혼재되는 혼합가정법

1. 과거 사실이 현재까지 영향을 미칠 때 쓴다.

2. 과거의 사실을 나타내는 종속절은 특별한 부사의 사용이 없더하더라도 주절에서는 현재 시간을 지칭하는 now, this morning 등의 부사가 쓰인다.

If it **had not rained** last night, the road **would not be** so muddy this morning.
(만일 지난 밤에 비가 오지 않았더라면, 오늘 아침 길이 이렇게 질퍽하지 않을 텐데.)

If he **had gone** to college then, he **would be** a senior now.
(만일 그 때 그가 대학에 갔었더라면, 그는 지금 4학년일 텐데.)

[출제 POINT] If절이나 조건절이 생략된 가정법

'만일 ~이 없다면(없었더라면)' 의 다양한 표현들

~이 없다면 ▶가정법 과거	If it were not for Were it not for If there were no But for Without	주절에 가정법 과거 ⇒ 조동사 과거형 + 동사의 원형이 옴.
~이 없었다면 ▶가정법 과거완료	If it had not been for Had it not been for But for Without	주절에 가정법 과거완료 ⇒ 조동사 과거형 + have + p.p가 옴.

If it were not for your help, I would fail. ◎ 가정법 과거
⇒ **Were it not for** your help, I would fail. ◎ If생략
⇒ **But for[Without]** your help, I would fail.
(당신의 도움이 없다면, 나는 실패할 것입니다.)
◎ 가정법 과거로 현재 사실의 반대를 표현한다.

If it had not been for your help, I would have failed.
⇒ **Had it not been for** your help, I would have failed. ○If생략
⇒ **But for[Without]** your help, I would have failed.
(당신의 도움이 없었다면, 나는 실패했을 것입니다.)
○ 가정법 과거완료로 과거 사실의 반대를 표현한다.

[출제 POINT] as if 가정법

1. 기본형식

- as if[though] + 가정법 과거 : as if + 과거동사(be동사는 were)
- as if[though] + 가정법 과거완료 : as if + 과거완료

as if(though)가정법의 과거는 '마치 ~처럼' 과거완료는 '마치 ~였던 것처럼' 으로 해석된다. 가정법 과거와 과거완료의 구분은 if 가정법의 동사 시제와 같다.

In fact, he doesn't know everything. ○직설법
(실제로 그는 아무 것도 모른다.)
He talks **as if** he **knew** everything. ○가정법
(그는 마치 모든 것을 아는 것처럼 말한다.)

2. 과거는 위의 직설법 문장처럼 주절과 종속절의 시제가 같을 때이다.

In fact, he didn't know everything. ○직설법
(사실 그는 모든 것을 몰랐다.)
He talks **as if** he **had known** everything. ○가정법
(그는 마치 모든 것을 알았었던 것처럼 말한다.)

3. as if가정법의 과거완료는 종속절의 시제가 주절보다 앞 선 시점이다.

In fact, he had not been a singer. ○직설법
(실제로 그는 가수가 아니었다.)
He talked **as if** he **had been** a singer. ○가정법
(그는 마치 가수였던 것처럼 말한다.)

[출제 POINT] 가정법 (조건) 사용하는 기타 구문

- **if only~**: 오직 ~이기만 하면 좋겠는데
- **provided[providing](that)~**: 만일 ~이라면 = if
- **granted[granting](that)~**: 가령 ~라 할지라도 = even if
- **suppose[supposing](that)~**: 만약 ~이라면 = if
- **in case (that)~ on condition(that)~**: 만일 ~라면, ~하는 경우 = if
- **so long as~**: ~하는 한, ~하는 동안은(=as long as)
- **unless**: 만약 ~가 아니라면, 만일 ~하지 않다면 = if not

In case I forget, remind me of it.
(내가 만일 이것을 잊어버릴 경우에 이것을 나에게 상기시켜주세요.)
You may stay here **so long as** you keep quiet.
(네가 조용히 한다면 여기에 머물러도 좋다.)

Simple Check 2

Type A 주어진 괄호 안에 알맞은 것을 고르시오.

1. (As long as / Unless) you walk more quickly, you'll miss the bus.
2. If it had been fine yesterday, we (could have / would) had a basketball match.

Type B 잘못된 부분을 고치세요.

1. If she had worked hard, she would have been rich now.
2. I wish I should study harder in my school days.

STEP 2 Basic Practice

Fill in the blank with the most appropriate word and phrase.

1. A: Why are you working so hard on that paper?
   B: The instructor asked that _____ today.
   (a) I am finishing it
   (b) it to be finished
   (c) it be finished
   (d) it to finish

2. A: I'm not sure whether to apply to graduate school or get a job.
   B: If I _____, I'd apply to graduate school.
   (a) were in your shoes
   (b) am in your shoes
   (c) had been in your shoes
   (d) should be in your shoes

3. A: Do you think it's time to sell this stock?
   B: I wouldn't take that chance if I _____ you.
   (a) have been
   (b) had been
   (c) was
   (d) were

4. A: Greg doesn't like his new buying car.
   B: If his car _____ a lemon, he may be eligible for a refund.
   (a) were
   (b) was
   (c) is
   (d) has been

5. A: Do you hear the news about Samson company?
   B: Yes. The price of that company's stock will surely fall if its CEO _____ prison.
   (a) will go to
   (b) goes to
   (c) have gone
   (d) has gone

Chapter 05. 가정법 59

6. A: To download this file took a lot of time.
   B: If you _____ broadband, it wouldn't take more than a few seconds to download that program.
   (a) have had
   (b) have
   (c) had had
   (d) had

7. _____, I'm sure he would have eaten it.
   (a) Had he been hungry
   (b) Unless he had been hungry
   (c) However hungry he had been
   (d) As if he had not been hungry

8. If you _____ the matter carefully, there will be found a means of solution.
   (a) will analyze
   (b) analyze
   (c) analyzed
   (d) analyzing

9. We _____ fish on the Dominican Coast now, if we had had the technical and financial support from Chile 3 years ago.
   (a) could have produced
   (b) could produce
   (c) should produce
   (d) should have produced

10. If the stars were to appear in the sky only once in a century, how much people _____ their beauty.
    (a) had admired
    (b) admired
    (c) will admire
    (d) would admire

11. We are said to be very kind to our acquaintances, but very indifferent to strangers _____ quite different persons.
    (a) if we would
    (b) as if we are
    (c) as if we were
    (d) if we should

12. If you _____ on a vacation or traveled on business to another city or state, you would probably want to bring some traveler's checks along with you.
    (a) went
    (b) had gone
    (c) were gone
    (d) have gone

Identify the grammatical error in the dialogue.

13. (a) A: May I help you?
    (b) B: Please, I'd like to buy a present for my son's birthday.
    (c) A: If he likes sports, then the one with the baseball and bat would be good.
    (d) B: Yes, he is crazy about baseball.

Identify the ungrammatical sentence in the passage.

14. (a) Newton was the first to point out that light is colorless. (b) Consequently color has to occur inside our brains. (c) He wrote, "The waves themselves are not colored." (d) Since his time, we have learned that light waves are characterizing by different frequencies of vibration.

15. (a) Would a modern music composer be your first choice for a hero? (b) If you were like most people, the answer to the question is "no." (c) It seems that the worlds of contemporary art and music have failed to offer people works that reflect human achievements. (d) People, therefore, have lost interest in modern arts and have turned to sports stars and other popular figures to find their role models.

Chapter 06

동명사와 부정사

Chapter 06 동명사와 부정사

STEP 1 출제 포인트

[출제 POINT] 부정사와 동명사의 역할

하나의 동사가 뒤에 다른 다양한 변화된 형태를 경험하면서 동사 이외의 의미로 쓰여지는 것을 준동사라고 한다. 대표적인 준동사인 부정사와 동명사는 문장의 주요 성분인 주어, 목적어, 보어 역할을 한다.

1. 주어

To use the dictionary is necessary.
(사전을 활용하는 것이 필요하다.)
Playing cards is interesting.
(카드를 가지고 노는 것은 재밌다.)

2. 목적어

I want **to marry** her if she don't refuse my proposal. ○ 부정사의 목적어가 뒤에 올 수 있다.
(나는 그녀가 나의 청혼을 거절하지 않는다면, 그녀와 결혼하고 싶다.)
I enjoy **eating** out with my family. ○ 타동사의 목적어로 사용
(나는 가족과 외식하는 것을 즐긴다.)

3. 보어

To teach is **to learn**.
(가르치는 것이 배우는 것이다.)
Her dream is **going** abroad.
(그녀의 꿈은 외국에 나가는 것이다.)

[출제 POINT] 부정사 혹은 동명사를 목적어로 취하는 동사

1. 부정사만을 목적어로 취하는 동사

다음의 동사들은 '미래' 관련 의미의 동사들로 뒤에 동명사를 목적어로 받지 못한다.

소망, 기대	wish	hope	desire	long
	expect	want	seek	offer
의도, 시도	refuse	pretend	agree	
	manage	promise	decide	
	determine	hesitate		
기타	fail	afford	care	

He **wishes to play** with us. (그는 우리와 놀고 싶어 한다.)
He **pretended to be** indifferent. (그는 무관심한 척 했다.)
I can't **afford to rent** the car. (나는 그 차를 빌릴 여유가 없다.)
I **decided to sell** my house. (나는 집을 팔기로 결심했다.)

2. 동명사만을 목적어로 취하는 동사

완료(끝내다)	finish abandon	stop give up	quit	get through
회피/연기	avoid mind delay	evade defer	miss postpone	escape put off
허락(허락하다)	allow	permit	admit	favor
경험, 기타	consider practice	enjoy imagine	appreciate forgive	anticipate

다음의 동사들은 과거 관련 동사들이 대부분이며 뒤에 to부정사를 목적어로 받지 못한다.

He **avoids talking** with a selfish man. (그는 이기적인 사람과 대화하는 것을 싫어한다.)
I **enjoy working** at home. (나는 집에서 일하는 것을 즐긴다.)

Simple Check 1

Type A 주어진 괄호 안에 알맞은 것을 고르시오.

1. We hope (to travel / traveling) abroad.

2. He denied (to have / having) said so.

Type B 잘못된 부분을 고치세요.

1. They refused discussing the question.

2. I am considering to write a letter.

[출제 POINT] 부정사 · 동명사 둘 다 쓰이는 동사 (부정사와 동명사의 의미상의 차이)

> remember + to부정사 : (미래에 할 것을) 기억하다
> remember + 동명사 : (과거의 일을) 기억하다

I **remember to meet** the teacher.
(나는 선생님 만날 것을 기억한다.)
I **remember meeting** the teacher.
(나는 선생님 만났던 것을 기억한다.)

> forget + to부정사 : (미래에 할 것을) 잊다
> forget + 동명사 : (과거의 일을) 잊다

I **forgot to use** the manual.
(나는 안내서 사용할 것을 잊었다.)
I **forgot using** the manual.
(나는 안내서 사용한 것을 잊었다.)

> regret + to부정사 : (~할 것에 대해) 유감이다
> regret + 동명사 : (~한 것에 대해) 후회하다

I **regret to have** to do this.
(이렇게 할 수 밖에 없어 유감이다.)
I **regret spending** the money.
(나는 그 돈을 쓴 것에 대해 후회한다.)

> try + to부정사 : (지속적으로) 노력하다
> try + 동명사 : (시험 삼아 한 번) 해보다

She **tried to write** in pencil.
(그녀는 연필로 써보도록 노력했다.)
She **tried writing** under an assumed name.
(그녀는 시험삼아 가명으로 써 보았다.)

> stop -ing : (~하는 것을) 그만두다
> stop to부정사 : (~하기 위해) 멈추다

stop 은 동명사를 목적어로 취한다. 따라서 뒤에 to부정사가 올 때는 이를 목적어로 해석 못하며, 부사적 용법으로 해석한다.

He **stopped talking**. (그는 이야기를 그만 두었다.)
He **stopped to talk**. (그는 이야기하기 위해 걸음을 멈추었다.)
We should **stop thinking** over the problem.
(우리는 그 문제에 대해 깊이 생각하는 것을 멈추어야 한다.)
We should **stop to think** over the problem.
(우리는 그 문제에 대해 깊이 생각하기 위해 멈추어야 한다.)

4. to부정사와 동명사가 올 때 의미상의 큰 차이가 없는 동사들

| begin   start   continue   cease   attempt   mean |

[출제 POINT] 부정사의 관용적 용법

1. know better than to부정사 : …할 만큼 어리석지는 않다
He knows better than to do such a silly thing.
(그는 그렇게 바보같은 일을 할 정도로 어리석지는 않다.)

2. cannot but 동사원형 : …하지 않을 수 없다
=cannot do otherwise but (to) 동사원형
=can't help -ing
=cannot but 동사원형

I **can't help but laugh**. (나는 웃지 않을 수 없다.)
=I **have no choice but to laugh**.
=I **cannot do otherwise but (to) laugh**.
=I **can't help laughing**.

[출제 POINT] 부정사의 to로 착각하여 뒤에 동사원형을 쓰기 쉬운 표현

- be equal to -ing (~할 능력이 있다)
- When it comes to -ing (~의 점에서는)
- be accustomed to -ing (~에 익숙해져 있다)
- object to -ing (~을 반대하다)
- be opposed to -ing[명사] (~에 반대이다)
- be[get] used to -ing (~하는데 익숙하다[익숙해지다])
- be devoted to -ing[명사] (~에 몰두하다)
- look forward to -ing (~을 학수고대하다)
- with a view to -ing (~할 목적으로)

I **am accustomed to reading** a book all night. (나는 밤새도록 책 읽는 것에 익숙하다.)
◎ be accustomed to 다음에는 동사원형, 동명사 모두 사용 가능하다.
The teacher have been **devoted to teaching** English for young students.
(그 교사는 젊은 학생들에게 영어를 가르치는데 몰두해왔다.)
He quit the company **with a view to getting** another job.
(그는 다른 직업을 구할 목적으로 그 회사를 그만 두었다.)

[출제 POINT] 동명사의 관용표현

1. There is no -ing : ~은 불가능하다
   There is no denying the fact.
   (그 사실을 부정할 수 없다.)

2. It is no use[good] -ing : ~해봐야 소용없다
   It is no use running away.
   (도망가봐야 소용없다.)

3. cannot help -ing : ~하지 않을 수 없다
   I **cannot help respecting** him.
   (나는 그를 존경하지 않을 수 없다.)

4. feel like -ing : ~하고 싶다
   I **feel like being** alone.
   (나는 지금 혼자 있고 싶다.)

5. It goes without saying that~ : ~는 두말할 필요도 없다
   It goes without saying that health is everything.
   (건강이 모든 것이라는 것은 두 말할 필요도 없다.)

6. have difficulty[a hard time] -ing : ~하는데 어려움을 겪다
   I **had difficulty understanding** his speech.
   (나는 그의 연설을 이해하는 데 어려움을 겪었다.)

7. be on the point[verge] of -ing : 막~하려던 참이다
   The moon **was on the point of rising**.
   (달이 막 떠오르고 있었다.)

8. make a point of -ing : ~하는 것을 규칙/습관으로 삼다
   I **make a point of praying** at noon.
   (나는 정오에 기도하는 것을 습관으로 삼는다.)

Simple Check 2

Type A 주어진 괄호 안에 알맞은 것을 고르시오.

1. Being poor, I am not equal to (buy / buying) the car.

2. I am looking forward to (see / seeing) you.

Type B 잘못된 부분을 고치세요.

1. I objected to be punished for no reason.

2. They had difficulty with finding the obscure path through the forest.

STEP 2 Basic Practice

Fill in the blank with the most appropriate word and phrase.

1. A: What will you do this evening?
   B: I'm going _____.
   (a) for swim
   (b) on swimming
   (c) for swimming
   (d) swimming

2. A: I crossed the street to avoid him, but he saw me and ran towards me.
   B: It was no use _____ that you had not seen him.
   (a) pretending
   (b) to pretend
   (c) to be pretend
   (d) being pretend

3. A: She said she was worried about living alone, so I suggested _____ a dog.
   B: That's a good idea. That will be a great help to her.
   (a) getting
   (b) to get
   (c) to be got
   (d) got

4. A: Did you expect _____ the test with so many absences?
   B: In spite of many absences, I was ready for the test.
   (a) to passing
   (b) to be passed
   (c) passing
   (d) to pass

5. A: Why did you decide _____ a chef?
   B: Because I really enjoy cooking.
   (a) to be became
   (b) becoming
   (c) become
   (d) to become

6. A: Have you ever considered _____ a simultaneous interpreter?
B: No, not at all. Why? Do you think I can?
(a) to become
(b) to be became
(c) became
(d) becoming

7. They have stopped traders _____ goods on credit.
(a) to sell
(b) to have sold
(c) selling
(d) having sold

8. Why do you object to _____ the directions?
(a) following
(b) follow
(c) have followed
(d) have been followed

9. People become quite illogical when they try _____ what can be eaten and what cannot be eaten.
(a) to decide
(b) deciding
(c) to deciding
(d) decision

10. _____ accurate records has never been questioned by anyone.
(a) His keeping
(b) If he keeps
(c) He keeps
(d) Because he keeps

11. If you surf the Internet, you spend time _____ at things on the Internet.
    (a) finding and looking
    (b) to find and look
    (c) to find and looking
    (d) find and look

12. What makes friendships in childhood and adolescence so poignant is that we need the chosen comrade to be everything in order to _____ us from the gothic inwardness of family life.
    (a) be rescuing
    (b) being rescued
    (c) rescue
    (d) rescuing

Identify the grammatical error in the dialogue.

13. (a) A: How are your Korean classes coming along?
    (b) B: Pretty well, but we're going to starting study polite language soon. It sounds hard.
    (c) A: Do you use polite forms in English too?
    (d) B: Yes, we do, but in a different manner.

14. (a) A: Lotis, why are you so upset?
    (b) B: Oh, Andy, I'm glad you're back. I don't know what to do. I was cleaning the house and I knocked over the crystal vase we received as a wedding gift from your folks. It fell to the floor and shattered.
    (c) A: Come on, now. Don't cry over spilt milk.
    (d) B: But I can't help be upset. That vase had a lot of sentimental value for both of us.

Identify the ungrammatical sentence in the passage.

15. (a) Reading involves a complex form of mental activity. (b) Television viewing does not demand complex mental activities. (c) Reading develops the powers of imagination and inner visualization. (d) Television viewing limit the workings of the viewer's imagination.

Chapter 07

관사와 명사

Chapter 07 관사와 명사

STEP 1 출제 포인트

[출제 POINT] 부정관사 a의 용도

1. one(하나의~)의 뜻
I have **a** refrigerator in my house. (나는 집에 냉장고가 하나 있다.)

2. per(~마다, ~당)의 뜻
Rome was not built in **a** day. (로마는 하루 아침에 이루어진 것이 아니다.)

3. 종족대표(any, every)
A dog is **a** faithful animal. (개는 충실한 동물이다.)

4. some(얼마 간의, 어느 정도의)의 뜻
He waited for her for **a** moment. (그는 잠시동안 그녀를 기다렸다.)

5. a certain(어떤)의 뜻
You are right in **a** sense. (너의 어떤 감각은 옳았다.)

6. a[an] + 고유명사: ~와 같은 사람
a Newton(뉴튼과 같은 대과학자) *cf.* **a** Rodin(로댕의 작품)

7. the same(같은~)의 뜻
We are of **an** age. (우리는 동갑이다.)

[출제 POINT] 정관사 the 의 주요한 쓰임

1. 앞 문장에 나온 사물이나 사람을 받을 때, 이는 서로 한정된 명사일 때
He has a book. He reads **the** book every night.
(그는 책이 한 권 있는데 매일 밤 그 책을 읽는다.)

2. 화자끼리, 또는 주변에서 모두 알 수 있는 명확한 명사일 경우
Would you mind closing **the** door?
(문을 닫아도 괜찮겠습니까?)

3. 세상의 하나 뿐인 유일물, 자연현상, 방위 등

> the world, the sun, the Bible, the moon, the wind, the east, the west, the right, the left

4. 최상급, 서수사, same, very, only, last로 수식하는 명사

> the second stop (두 번째 정거장) the tallest boy (그 가장 키 큰 소년) the only girl (유일한 소녀)
> the very book (바로 그 책)

5. 명사가 수식 해설로 한정될 때

I lost **a** book. (나는 책 한 권을 잃어버렸다.)
I lost **the** book. (나는 그 책을 잃어버렸다.) ◎ 화자끼리 알고 있는 경우
I lost **the** book that he had bought for me. ◎ 화자끼리 모르더라도 한정된 경우
(나는 그가 사준 그 책을 잃어버렸다.).
The book on **the** desk is mine.
(책상 위의 그 책은 내 것이다.)

6. 시간 및 수량의 단위 표기에 정관사를 쓴다. (주로 by + the + 단위 형태)

by **the** hour[day, month] (시간 당[일 당, 월 당])
by **the** pound[yard] (파운드[야드] 단위로)

7. 악기명, 발명품에도 정관사를 쓴다.

I play **the** violin. (나는 바이올린을 연주한다.)

8. 정관사 the 다음에 형용사(분사 포함)가 와서 명사의 뜻이 되는 경우가 있다.

the rich (부자) (=rich people) ◎ 복수명사
The field was filled with **the** died and **the** dying.
(그 벌판은 죽은 사람들과 죽어가는 사람들로 가득 메워졌다.)

the accused (피고) (=the person who was accused) ◎ 단수명사
the deceased (고인)
the beautiful (미) the beauty (미인) ◎ 추상명사 the true (진실)

9. 신체부분 (신체는 무조건 그 사람의 것이기에 앞에 소유격을 붙이지 않는데 유의하자.)
He holds me by the hand. → my hand (X)
(그는 내 손을 잡는다.)

10. 최상급이 아닌 비교급에도 정관사가 붙는 경우가 있다.
비교급에 the가 붙는 경우

> the + 비교급 + of the two~ : 둘 중에서 더 …하다
> the + 비교급~, the + 비교급… : ~하면 할수록 그만큼 더 …하다
> all the + 비교급 for[because]~ : ~ 때문에 더욱 …하다

11. 고유명사에는 관사가 붙지 않는 것이 일반적이나 다음의 고유명사들은 정관사를 붙인다.
① 산맥, 군도, 반도, 운하, 하천, 강, 해협, 바다, 사막, 산맥
  the Atlantic Ocean(대서양), the Korean Peninsula(한반도), the Suez Canal(수에즈 운하)
  the Sahara Desert(사하라 사막), the Alps(알프스 산맥)
② 공공건물, 시설
  the White House(백악관), the Grand Hotel(그랜드 호텔)
③ 선박, 비행기, 기차이름, 철도, 도로
  the Korean Lines, the Dover Road, the Kyongbuson(경부선)
④ 신문, 잡지, 정기 간행물 이름
  the New York Times, The Times
⑤ 복수 형태의 나라 이름
  - the United States

[출제 POINT] 주의할 관사의 위치

1. 원칙: 관사는 일반적으로 명사 앞에 위치하거나 형용사가 명사를 수식할 경우 형용사 앞에 온다.

2. 주의해야할 경우

> so , too + 형용사 + a + 명사
> such, rather, many + a + 형용사 + 명사
> all, both, double + the + 형용사 + 명사

He is **so kind a man** that I like him very much.
(그는 너무 친절한 사람이라서 나는 그를 매우 많이 좋아한다.)
What have you done **such a long time**?
(그렇게 오랫동안 너는 무엇을 했니?)

3. 감탄문에 사용되는 관사의 위치

> What a + 형용사 + 명사
> How + 형용사 + a + 명사

What a stupid boy he is! (그는 참으로 어리석은 소년이구나!)
= **How stupid a boy**!

Simple Check 1

Type A 주어진 괄호 안에 알맞은 것을 고르시오.

1. It is too (a good / good a) chance to be lost.
2. (The all / All the) students of our school like the teacher.

Type B 잘못된 부분을 고치세요.

1. A many person has the same experience.
2. The both books are moving.

[출제 POINT] 관사가 포함된 관용어구

부정관사	all of a sudden(갑자기) in a hurry(급히) in a body(하나가 되어)	as a rule(대체로) in a row(연속적으로, 일렬로) at a loss(당황하여)	as a result of(~의 결과로) at a distance(약간 떨어져서) keep an eye on~(~을 감시하다)
정관사	in the end(결국) in the distance(멀리서) in the wrong(잘못된) at the speed of(~의 속도로) at the peak/height of(~의 절정에서)	on the way(도중에) in the main(대체로) at the age of(~의 나이에) at the price/cost of(~의 가격으로)	on the whole(대체로) in the way(방해가 되어) at the rate(~의 비율로)
무관사	on purpose(고의로) on hand(수중에) on time(정각에)	by mistake(실수로) on duty(근무중인) off duty(비번인)	make haste(서두르다) make progress(진보하다) learn by heart(암기하다)

[출제 POINT] 셀 수 없는 명사

1. 집합명사

의미; 비슷한 품목끼리 하나의 범주를 형성한 불가산명사

집합명사	furniture(가구) machinery(기계류) jewelry(보석류) foliage(나뭇잎) stationery(문구류) traffic(교통)	baggage(수하물, 소화물) weaponry(무기류) scenery(풍경) rubbish(쓰레기) merchandise(상품, 제품) equipment(장비)	clothing(의류) poetry(시작품, 시) mail(우편물) produce(농산물) clothing(의류) fruit(과일)

동일한 어휘가 집합명사와 군집명사로 쓰일 수 있어서 유의해야 한다.
군집명사는 개별 사물이나 사람을 지칭하여 복수의미를 가지게 된다.

The **family** consists of four person. ◎집합명사
(그 가족은 4명으로 구성되어 있다.)

My **family** are all diligent. ◎군집명사
(우리 가족 모두 근면하다.)

2. 추상명사

추상적인 개념을 나타내는 추상명사는 불가산 명사로 취급한다.
이상의 어휘들은 앞에 수량을 표현하는 어휘가 붙거나 복수형이 될 수 없다.

추상명사	추상적 표현	beauty(미) importance(중요성) courage(용기) education(교육)	enjoyment(즐거움) knowledge(지식) intelligence(총명함) fun(재미)	health(건강) truth(진실) justice(정의) progress(발전)	honesty(정직) pride(자긍심) wealth(부) violence(폭력)
	일반적 개념	information(정보) grammar(문법)	proof(증거) news(소식)	homework(숙제) evidence(증거)	work(일) time(시간)
	자연현상	weather(날씨) rain(비) thunder(폭풍)	fog(안개) snow(눈) hail(우박)	wind(바람) humidity(습기) lightning(번개)	sunshine(햇빛) darkness(어둠)

He has many informations. (X)
(그는 많은 정보를 가지고 있다.)

3. 정관사와 함께 복수 취급하는 명사

the police(경찰관)	the clergy(성직자들)	the jury(배심원단)
the nobility(귀족)	the peasantry(영세농민, 소작민)	

반드시 정관사와 함께 쓰고 복수동사로 받음

The police caught a thief. (X) (경찰이 도둑을 잡았다.)
A police caught a thief. (O)
◉ 경찰관 한 명을 지칭할 때에는, a police(man)이 일반적이다.

단, 'the + 형용사'가 사람을 의미할 경우 단수, 복수 모두 될 수 있다.
The rich must help the poor. ◉ 복수로 쓰인 경우
(부자들은 가난한 사람들을 도와야 한다.)
The deceased didn't remain anything. ◉ 단수로 쓰인 경우
(그 고인은 아무 것도 남기지 않았다.)

주의: 앞에 관사가 붙거나 뒤에 복수형어미(-s)가 붙지 않아도 복수형으로 간주되는 명사들이 있다.

| **people**(사람들) | **cattle**(소, 가축) | **vermin**(해수, 해조, 해충) | **poultry**(가금: 닭, 오리, 거위 등) |

관사를 붙이지 않은 그 자체로 복수동사로 받음

○ 주의: fish는 단수 복수 동형인 명사로 단수, 복수동사 모두 받을 수 있다.

Many peoples took part in the game. (X) peoples ○ people
(많은 사람들이 그 경기에 참가했다.)

단, people이 '민족', '국민'의 의미로 쓰일 때는 관사를 붙일 수도 있으며, 복수형이 될 수도 있다.
There are many different **peoples** in the world.
(세상에는 많은 다양한 민족들이 있다.)
The Korean are **a** diligent **people**.
(한국인은 근면한 국민이다.)

Simple Check 2

Type A 주어진 괄호 안에 알맞은 것을 고르시오.

1. All the village (was / were) glad to hear the news.
2. The family never agree about (his / their) shares of the property.

Type B 잘못된 부분을 고치세요.

1. There are three family living in that old house.
2. Her staff is facing various problems.

STEP 2 Basic Practice

Fill in the blank with the most appropriate word and phrase.

1. A: May I offer you _____?
   B: Thank you.
   (a) a light snack
   (b) the light snack
   (c) light snack
   (d) light snacks

2. A: This is not _____ for us to buy a house. You know the recession has already begun.
   B: Right. Before we make our decision, what else do we have to think over?
   (a) the good time
   (b) a good time
   (c) good time
   (d) the good times

3. A: Can you fix Helen's bicycle? It has _____.
   B: Yes, I know. She told me, "I'm going to fix it tomorrow."
   (a) flat tire
   (b) the flat tires
   (c) the flat tire
   (d) a flat tire

4. A: It's _____, isn't it?
   B: Do you think so? It was boring to me.
   (a) the really nice film
   (b) the really nice films
   (c) a really nice film
   (d) really a nice film

5. A: I'm worried _____ dog.
   B: Yeah, she hasn't eaten anything for two days.
   (a) about a
   (b) with a
   (c) with the
   (d) about the

6. A: Do you know a new bakery in 11st?
   B: The new bakery closed because it didn't have _____ to be profitable.
   (a) too many customers
   (b) so many customers
   (c) enough customers
   (d) customers enough

7. Korea sets up a _____ economic development plan.
   (a) five-year
   (b) five-years
   (c) five-years'
   (d) five year's

8. _____ was burnt in the fire, but the building itself was not.
   (a) Most equipment
   (b) Most equipments
   (c) The most equipments
   (d) The most equipment

9. We have not heard _____ since last week.
   (a) much news
   (b) many news
   (c) a few news
   (d) few news

10. Even though I hated going to parties, I participated in a dancing party to get _____.
    (a) the information
    (b) some information
    (c) an information
    (d) one piece of an information

11. There is not _____ in that part of the world.
    (a) much water
    (b) many water
    (c) the much water
    (d) the many water

12. Before my family moved into our new apartment, I wrapped _____.
    (a) personal belonging of mine
    (b) mine personal belongings
    (c) my personal belongings
    (d) my personal belonging

Identify the grammatical error in the dialogue.

13. (a) A: I'm going to make a new dish tonight for the party.
    (b) B: Really? What?
    (c) A: It's the secret. But I need your help.
    (d) B: OK. How can I help?

Identify the ungrammatical sentence in the passage.

14. (a) Painting restorers are highly trained in their techniques (b) But they would have to be the original painter to know exactly what to do with the work at hand. (c) Technical aspects of the work, such as dirt removal, are quite straightforward. (d) What is important is to bring the painting back to an artist's original intent.

15. (a) Ever since the coming of television, there has been a rumor that the novel is dying, if not already dead. (b) Indeed, print-oriented novelists seem doomed to disappear, as electronic media and computer games are becoming more influential. (c) Nowadays, many young people seem to prefer surfing the Internet to reading books. (d) And often what they seek is not so much profound knowledge as quick informations.

Chapter 08

대명사

Chapter 08 대명사

STEP 1 출제 포인트

[출제 POINT] 재귀대명사 용법

1. 재귀용법 - 동사의 목적어로 사용

Brian sometimes overeats **himself**.
(브라이언은 가끔 과식을 한다.)

The money I gave him is for **himself**.
(내가 그에게 준 돈은 그가 쓰라고 준 돈이었다.)

2. 강조 용법

He **himself** says so. ○ 주어 강조
(그 자신이 그렇게 말한다.)

I like Jane **herself**. ○ 목적어 강조
(나는 바로 제인을 좋아한다.)

He is kindness **itself**. ○ 보어 강조
(그는 친절 그 자체이다.)

○ itself 자리에 himself를 쓰지 않도록 한다.

3. 재귀대명사를 이용한 관용적 표현

> by oneself: 자기 자신을 위하여(=for one's own sake)
> 홀로, 혼자서(=alone)
> for oneself: 혼자 힘으로(=without other's help)
> of itself: 저절로
> in itself: 본래, 그 자체로서
> beside oneself: 제정신이 아닌(↔ come to oneself : 제정신이 들다)
> between oneselves: 남몰래, 우리끼리 얘기지만 (=between you and me)
> in spite of oneself: 무의식적으로, 자기도 모르게
> to oneself: 혼자

Ten years is a long time to live **by myself**.
(10년은 혼자서 살기에는 긴 시간이다.)

No man can live by and **for himself**.
(인간은 혼자서 그리고 혼자 힘으론 살 수 없다.)

The door opened **of itself**.
(문이 저절로 열렸다.)

She was **beside herself** with joy.
(그녀는 기뻐 제정신이 아니었다.)
He lied to her **in spite of himself**.
(그는 자기도 모르게 그녀에게 거짓말을 했다.)
Between ourselves, he is a liar.
(우리끼리 얘긴데 그는 거짓말쟁이다.)

[출제 POINT] 대명사 it의 다양한 쓰임

1. 지시대명사 it : 문장 안에서 앞이나 뒤에 나오는 명사, 구, 절 등을 대신한다.

He is a liar, and he knows **it**. (it = he is a liar)
(그는 거짓말쟁이며, 그도 이것을 알고 있다.)

주의: 일반적 사물은 one, 특정한 사물은 it으로 받는다.
Do you have a pen?
(펜이 있습니까?)
– Yes, I have **one**.
(네, 하나가 있어요.)
Do you have the pen?
(그 펜이 있습니까?)
– Yes, I have **it**.
(네, 있습니다.)

2. 비인칭주어 it : 날씨, 시간, 거리, 명암, 막연한 상황 등을 나타낼 경우 it을 쓰며, it은 해석하지 않는다.
It is rather warm today.
(오늘은 다소 따뜻하다.)
It looks like snow.
(눈이 올 것 같다.)
It takes time to get used to new shoes.
(새 신발에 적응하려면 시간이 걸린다.)
◎ 비인칭주어 it에 함께 쓰이는 take는 '(시간 등이) 걸리다'의 뜻이다.

3. 강조구문의 주어 : 문장에서 어떠한 주어, 목적어, 부사구 등을 강조해서 표현할 때는 주어 it을 쓰며, 역시 해석을 하지 않는다.

She told me the story yesterday.
(그녀가 어제 그 이야기를 나에게 말해주었다.)

It was the story **that** she told me yesterday. ○ 직접목적어 강조
(그녀가 어제 나에게 말해준 것은 그 이야기였다.)

It was yesterday **that** she told me the story. ○ 부사 강조
(그녀가 나에게 그 이야기를 말해준 것은 어제였다.)

4. 가주어와 가목적어로 사용 : 뒤에 따라오는 실질적인 주어인 to부정사, 동명사, that절 등을 대신해서 쓴다. 가목적어인 경우 뒤에 진목적어가 따라온다.

It is important **to choose** good friends. ○ 가주어 : to부정사 주어
(좋은 친구를 고르는 것이 중요하다.)

It is no use **crying**. ○ 가주어 : 동명사 주어
(울어봐야 소용없다.)

It isn't certain **whether she will like me**. ○ 가주어 : 명사절
(그녀가 나를 좋아할지 아닐지는 확실치 않다.)

It is said **that he was a famous doctor**. ○ 가주어 : 명사절
(그가 유명한 의사였다고 한다.)

I made **it** a rule **to get up** early. ○ 가목적어 : 부정사
(나는 일찍 일어나기로 했다.)

She found **it** impossible **climbing** the top of the mountain. ○ 가목적어 : 동명사
(그녀는 그 산 정상에 오르는 것이 불가능하다는 것을 알았다.)

Simple Check 1

Type A 주어진 괄호 안에 알맞은 것을 고르시오.

1. They consider people's needs for love, power, or influence, their basic values, their beliefs and opinions, and so on in (his / their) advertising and sales methods.

2. People believed that they could not tell whether a black cat was just a cat, or whether it was a witch disguising (her / herself) as she plotted some evil scheme.

Type B 잘못된 부분을 고치세요.

1. They are possible for mountain climbers to make an approximation of their altitude by boiling water and taking its temperature.

2. The images in your dreams may present them in such a strange way that you have difficulty understanding their meaning.

[출제 POINT] 다양한 쓰임의 대명사 so

1. 긍정적 동의: ~도 그렇다

의문문에 대한 긍정과 부정을 간략히 표현할 때에도 so를 쓸 수 있다. 특히 neither나 nor가 쓰이는 부정적 동의의 표현에 주의하자.

- 긍정문 ⇒ 주어 + 동사: …는 ~이다[하다]
- 긍정적 동의 ⇒ So 주어 + 동사: 정말로 ~이다[하다]
  So I do. (정말 난 그래): 동일 주어
  ⇒ So 동사 + 주어: …도 역시 ~이다[하다]
  So do I. (나도 역시 그래): 다른 주어

부정적 동의: ~도 그렇지 않다

- 부정문 ⇒ 주어 not 동사: ~는 …아니다
- 부정적 동의 ⇒ 주어 not 동사, either
  Neither + 동사 + 주어: ~도 역시 그렇지 않다
  Nor + 동사 + 주어

Michael is not my friend. (마이클은 내 친구가 아니다.)
She is not my friend, either. ⊙ 부정문: 문미
Nor is she. ⊙ 접속부사
Neither is she. ⊙ 부사
(그녀 역시 내 친구가 아니다.)

2. 보어를 대신한다.

He dreams of being a singer and will become **so**.
(그는 가수가 되길 꿈꾸고 있고 그렇게 될 것이다.)

3. so가 포함된 관용구

- and so on: ~등(등)(=and so forth, etc.)
- not so much A as B: A라기 보다는 오히려 B
- not so much as A: A조차도 않다[못하다]
- or so: ~정도, ~쯤(=about)
- so to speak: 말하자면

Chapter 08. 대명사 89

You have to bring your textbook, notebook **and so on**.
(너는 교과서, 공책 등을 가져와야 한다.)

He is **not so much** a teacher **as** our friend.
(그는 선생님이기보다는 오히려 우리의 친구이다.)

He can**not so much as** memorize his phone number.
(그는 자기의 전화번호조차 외우지를 못한다.)

He must be twenty **or so**.
(그는 20살쯤이 틀림없다.)

The dog is, **so to speak**, a member of the family.
(그 개는 말하자면 가족의 일원이다.)

[출제 POINT] 부정대명사 other와 another

1. 의미: other는 '다른 것(사람)' 의 의미이며 복수형은 others이다.

2. another는 'an + other'의 형태로 '다른 한 개(사람)' 의 의미를 갖고 있다.

3. other가 다른 명사를 수식할 때, other는 다른 단수명사를 단독으로 수식할 수 없고, 앞에 one, any, some, no 등을 동반한다.

other book (X)   another book (O)   (하나의 다른 책)
another books (X)   other books (O)   (여러 다른 책들)

He lives in some **other city**.
(그는 어딘가 다른 도시에 살고 있다.)

There is no **other use** for it.
(이것은 다른 용도가 없다.)

I have some **other questions**.
(저는 몇 개의 다른 질문이 있습니다.)

He looked like **another person**.
(그는 다른 사람처럼 보였다.)

I'd like to have **another cup**.
(한잔 더 마시고 싶습니다.)

- **one~, the other...:** 하나는~, 나머지는(또 하나는)…(2개 중)
- **one~, another...:** 하나는~이고, 또 하나는 …이다
- **some~, others...:** ~하는 사람도 있고, …하는 사람도 있다
- **some~, the others...:** 몇 명은 ~하고, 나머지는…
- **one~, the others...:** 하나는~, 나머지 전부는…
- **one after the other:** (둘이서) 번갈아, 차례로
- **one after another:** (셋 이상) 번갈아, 차례로
- **one another:** (셋 이상) 서로서로

He has two dogs ; **one** is black and **the other** is white.
(그는 개가 두 마리 있는데, 하나는 검정, 다른 하나는 흰색이다.)
There are many dolls; **one** is big and **another** is small.
(인형이 많이 있는데, 하나는 크고 또 하나는 작다.)
Some like me, and **others** like you.
(나를 좋아하는 사람도 있고, 너를 좋아하는 사람도 있다.)
There are thirty students; **some** study hard, **the others** fall asleep.
(학생이 30명 있는데, 몇몇은 열심히 공부하고 나머지는 자고 있다.)
I have five friends; **one** is a student, **the others** are workers.
(나는 친구가 5명 있는데, 한 명은 학생이고 나머지는 직장인이다.)
They reached **one after another**.
(그들은 차례대로 도착했다.)
When the game was over, the players shook hands with **one another**.
(경기가 끝날 때, 선수들은 서로 악수했다.)

Simple Check 2

Type A 주어진 괄호 안에 알맞은 것을 고르시오.

1. The best way to raise one child may not be the best way for (another / the other).

2. Strange as it sounds there are firms which will accept a book they expect to lose on, and reject (another, other) which promises a comfortable profit.

Type B 잘못된 부분을 고치세요.

1. In problems such as the increasing greenhouse effect, one nation or region might benefit while the other suffers.

2. If there should be other war, Korea would be in serious danger.

[출제 POINT] some과 any

1. some과 any의 구분

- **some** : 긍정문
- **any** : 의문문, 부정문, 조건문(If)에 사용

Some think the medicine works well. (어떤 이들은 그 약이 잘 듣는다고 생각한다.)
Some of your advice is likely to be very useful. (너의 조언 중 몇몇은 매우 유용한 것 같다.)
The police cannot find **any** of the clue. (경찰은 단서 중 무엇도 찾을 수 없었다.)

2. 의문문, 조건문에도 some을 쓰는 경우

권유, 부탁의 경우와 긍정의 대답(yes)을 기대하는 경우에는 의문문, 조건문에도 some을 쓴다
Do you have **some** money? ⊙ 권유/부탁
(돈 조금 있으세요?)
If you have **some** time spare, I'll take another coffee to you. ⊙ 긍정의 대답 기대
(여유 시간이 조금 있으시면, 커피 한잔 더 가져다 드릴게요.)

주의: 강조의 용도로, 긍정문에도 any를 쓰는 경우가 있다.
Any child can answer the question. (어떤 아이라도 질문에 답을 할 수 있습니다.)
They had **any** number of books. (그들은 무척 많은 책을 가지고 있다.)
You may come here at **any** time. (너는 언제라도 여기에 와도 좋다.)

[출제 POINT] either, neither, no, none, each, every, all, both

1. either, neither, no, none

either	둘 중 하나 (어느 한 쪽) 주로 대명사, 형용사 사용
neither	둘 다 ~이 아니다
no	명사 앞에서 형용사로 전체부정 (~인 것은 없다) : 형용사
none	no + 명사 : 대명사

Either will do. (어느 쪽도 좋다.) ⊙ 대명사
I don't know **either** student. (어느 학생도 모른다.) ⊙ 형용사

Neither is to be trusted. (어느 쪽도 믿을 수 없다.) ⓞ 대명사
I like **neither** car. (어떤 차도 마음에 들지 않는다.) ⓞ 형용사
No one came while you were out of this town. (당신이 이 마을에 없는 동안 온 사람은 없습니다.) ⓞ 형용사

No came while you were out of this town. (X) ⓞ 대명사 불가
None came while you were out of this town. (O) ⓞ 대명사

2. each, every, all, both

each	단수: 각각의 뜻
every	단수: 모두 각각의 뜻 (형용사로만 사용됨에 주의)
all	단수, 복수 모두의 뜻
both	복수: (두 개 중에서의) 양쪽의 뜻

Every boy and girl **loves** their parents.
Each has his own room. (O) (각자 자기의 방을 가지고 있다.)
They each has their room. (X)
Every has his own room. (X)

All were present. (모든 사람이 참석했다.) ⓞ 복수
All was broken down. (모든 것이 고장 났다.) ⓞ 단수
Both of them are not my friends. (그들 모두는 내 친구가 아니다.)
특히 both 는 both the 명사의 형태가 자주 출제됨을 명심해야 한다.

Simple Check 3

Type A 주어진 괄호 안에 알맞은 것을 고르시오.

1. We will probably consider (any / some) of the ethical codes and religious practices current today barbarous in time to come.

2. Never could (any, some) of my friends solve this problem.

Type B 잘못된 부분을 고치세요.

1. I have any other questions.

2. His both friends succeeded in the examination.

STEP 2 Basic Practice

Fill in the blank with the most appropriate word and phrase.

1. A: Why are you ordering so many books?
   B: I need _____ for my report.
   (a) those
   (b) them
   (c) it
   (d) one

2. A: I'd like to return this shirt. It has a tear in the sleeve.
   B: I'm really sorry about this. Would you like to exchange it for _____?
   (a) other one
   (b) other ones
   (c) the other one
   (d) another one

3. A: Hello, Tom. Did you enjoy the movie?
   B: Yes, you should go and see _____.
   (a) it
   (b) him
   (c) some
   (d) one

4. A: I hope you're still willing to give us a ride to the airport.
   B: Oh, yes. I _____ 5 o'clock.
   (a) will pick up you
   (b) will pick you up
   (c) could pick up you
   (d) could pick you up

5. A: What's wrong with Jake?
   B: Between you and me, he was _____.
   (a) by himself
   (b) for himself
   (c) by itself
   (d) beside himself

6. A: Can I use your mobile phone?
   B: Sorry, _____ incoming calls.
   (a) mine only receives
   (b) mine receives only
   (c) it receive only
   (d) it only receive

7. She did almost all the work _____ without any help from others.
   (a) by herself
   (b) for herself
   (c) by her
   (d) for her

8. In Korean Pop Awards, three of the ten competitors won prizes. But _____ got nothing.
   (a) the other
   (b) others
   (c) the others
   (d) another

9. Recently biologists have made some interesting discoveries about bats, underscoring _____ diversity.
   (a) his
   (b) theirs
   (c) their
   (d) its

10. Everyone's fingerprints are different, and no one in the world has the same fingerprints as _____.
    (a) nobody
    (b) the other
    (c) the others
    (d) anyone else

11. The most effective way to lose weight is to stay on a balanced diet. If you want to diet, you should consult a physician because it is difficult _____ a proper diet.
    (a) for him to select
    (b) to select for yourself
    (c) for his selecting
    (d) to have you selected

12. A galaxy is a giant family of many millions of stars, and it is held together by _____.
    (a) their own gravitational field.
    (b) own their gravitational field
    (c) own its gravitational field
    (d) its own gravitational field

Identify the grammatical error in the dialogue.

13. (a) A: Really? Why was my ticket eight hundred fifty and yours seven hundred?
    (b) B: Because you're staying longer than I am. The travel agent said that airfare is now based on the length of the stay.
    (c) A: Well, at least these tickets are cheaper than when we went to Moscow last year.
    (d) B: Yeah, that were expensive—nine hundred dollars a piece.

Identify the ungrammatical sentence in the passage.

14. (a) This Saturday, July 15th, Campbell's Hardware will be holding our third annual company barbecue. (b) All employees and their families are encouraged to attend. (c) The barbecue will be held from noon at 5 p.m. in the field behind the company parking lot. (d) Hamburgers, hot dogs, potato chips, and watermelon will be provided.

15. (a) The motion picture, one of the most popular forms of entertainment throughout the world, is both an art and an industry; (b) It is a means of expression and a means of making money. (c) This is how the making of commercial motion picture requires a collaboration between people whose interests often conflict. (d) Perhaps it is this tension, this uneasy but exciting union between art and business, which makes the movies so dynamic and also so inconsistent in content and quality.

Chapter 09

관계사

Chapter 09 관계사

STEP 1 출제 포인트

[출제 POINT] 일반적 who와 which

1. 관계대명사 who / whose / whom

● 주격 who : 선행사가 사람이며, 주어 역할을 할 때 who를 쓴다.
　　　　　　주어 역할을 하기에 관계대명사 뒤에는 동사가 온다.
　I know **who** broke the window. (나는 누가 창문을 깼는지 안다.)
　There is a man **who** wants to see you.
　(너를 보고 싶어 하는 한 사람이 있다.)

● 소유격 whose : 선행사가 사람이며, 관계대명사 뒤에 오는 명사와 소유관계가 성립한다.
　I met a girl **whose** dress was very luxurious.
　(나는 옷이 매우 사치스러운 한 소녀를 만났다.)

● 목적격 whom : 선행사가 사람이며, 선행사가 관계대명사 절의 목적어로 사용될 수 있다. 목적격 관계대명사는 생략이 가능하다.
　I know the teacher. + You wanted to see him.
　= I know the teacher (**whom**) you wanted to see.
　(나는 네가 보고 싶어 했던 선생님을 알고 있다.)

◎ 자동사의 목적어로 전치사가 수반된 경우에는 전치사를 문장 맨 뒤에나 관계대명사 앞에 둔다. 단, 관계대명사 앞에 올 경우 목적격이라도 그 관계대명사는 생략 할 수 없다.

2. 관계대명사 which / of which(whose) / which : 선행사가 사물(동물포함)이며, 격에 대한 규칙은 선행사가 사람일 경우와 동일하다.

● 주격 which : 선행사가 사물이며, 주격으로 쓰인다.
　I'd like a room **which** overlooks the sea. ◎ 선행사가 일반적 사물
　(나는 바다가 보이는 방이 좋다.)

● 소유격 of which, whose : 소유격으로, 두 가지 형태가 다 가능하다.
　He bought a book **of which** the cover is red. ◎ 소유관계 성립
　(그는 표지가 빨간 책을 샀다.)

● 목적격 which : 목적격으로 쓰이며 생략가능하다.
　This is the book (**which**) I have chosen. (이것이 내가 고른 책이다.)
　This is the house (**which**) she lives **in**. ◎ 자동사 + 전치사 의 관계대명사
　(이것이 그녀가 살고 있는 집이다.)

[출제 POINT] 관계대명사 that

1. 사람과 사물에 동시에 사용

관계대명사 that은 그 쓰임이 가장 넓어서 선행사가 사람, 사물일 때와 선행사에 사람과 사물이 동시에 포함되어 있을 때 모두 쓸 수 있다.

2. 주로 관계대명사 that을 사용하는 경우

> (1) 선행사가 사람 + 사물(동물)인 경우
> (2) 선행사가 의문사 who, which인 경우
> (3) 선행사를 제한하거나 한정해 주는 어구가 있는 경우
>   최상급 : the best[most, last, first]~ ; the only[same, very]
>   부정대명사 : every, all, little, much, some, any, no, everything, something,
>   anything, nothing, etc.

A car ran over a boy and his dog **that** were crossing the street. ◉선행사가 사람 + 동물
(차 한대가 길을 걷고 있는 한 소년과 개를 치었다.)
Who **that** I know believes such a thing? (내가 아는 누가 그러한 것을 믿겠는가?) ◉선행사가 의문사인 경우
The first man **that** came here was John. (여기 처음 왔던 사람은 존이었다.) ◉선행사에 한정사 포함
I know the very person **that** will help you. (나는 너를 도와줄 가장 적합한 사람을 안다.) ◉선행사에 한정사 포함

3. 관계대명사 that을 사용하지 않는 경우

(1) 관계대명사 that앞에는 전치사를 쓰지 못한다.
This is the house **in which** he lives. (O) → in that (X)

(2) 선행사가 사람의 성격, 인물, 직업, 인간성 등을 나타낼 때, who나 that보다는 which를 쓰는 것이 일반적이다.
She is not the selfish woman **which** she was. (그녀는 예전의 그 이기적인 여자가 아니다.) ◉성격

Simple Check 1

Type A 주어진 괄호 안에 알맞은 것을 고르시오.

1. This is the dog (which / who) barks everyday.

2. This is the picture (which / whose) price is incredibly high.

Type B 잘못된 부분을 고치세요.

1. This is the house, that she lives in.

2. I will do anything which you ask me to.

[출제 POINT] 관계대명사 what

1. 선행사가 없다

선행사의 의미를 가지고 선행사를 포함하고 있기에 앞에 선행사(주로 명사)가 없다. 위의 모든 관계대명사가 실질적으로 선행사라는 명사를 수식하는 형용사절의 기능을 하고 있다면, 관계대명사 what은 선행사라는 명사를 포함하기에 명사절의 기능을 한다고 볼 수 있다.

- 관계대명사 what이 주어로 쓰이는 경우
  What you say doesn't make any sense. (네가 말하는 것은 이치에 맞지 않다.)

- 관계대명사 what이 목적어로 쓰이는 경우
  I sent **what** was promised. (저는 약속한 것을 보냈습니다.)

- 관계대명사 what이 보어로 쓰이는 경우
  He is not **what** he was. (그는 예전의 그가 아니다.)

2. 관계대명사 what의 관용적 표현들

- what we[you, they]call = what is called (소위, 이른바)
- what one is[used to be; was] (현재의[과거의] 인격)
  what one has (주어의 재산)
  what one does (주어의 행위)
- A is to B what[as] C is to D (A가 B에 대한 관계는 C가 D에 대한 관계와 같다.)
- what is 비교급 (더욱 ~한 것은)
- what is the best of all: 무엇보다도 ~한 것은

This is **what is called** 'a present' in some countries and 'a bribe' in others.
(이것이 이른바 '어떤 나라에서는 선물이지만 다른 나라에서는 뇌물이다' 라는 것이다.)
Air **is to** us **what** water **is to** fish.
(공기와 사람의 관계는 물과 물고기의 관계와 같다.)
The book is interesting, and **what is more**, very instructive.
(그 책은 재미있고, 게다가 매우 교훈적이다.)
It began to rain and, **what is worse**, we lost our way.
(비가 내리기 시작했고, 설상가상으로 우리는 길도 잃었다.)
She is kind, polite, and **what is the best of all**, beautiful.
(그녀는 친절하고 공손하며, 금상첨화로 아름답다.)

[출제 POINT] 복합관계대명사

1. 의미

복합관계대명사는 관계대명사에 -ever라는 접미어가 붙은 형태로 선행사가 불특정다수를 나타내기에 특정한 선행사가 앞에 올 수 없다. 복합관계대명사는 이렇게 선행사를 포함하기에 명사절의 기능을 가지며, 양보의 부사절을 이끌 수도 있다.

개념	'선행사 + 관계대명사'의 역할을 하며 「명사절」과 「양보의 부사절」을 이끔.	
	● 명사절: 어떤~라도, 누구[무엇]이든지	● 양보 부사절: ~(라) 하더라도 (=No matter~)
형식	whoever = anyone who	whomever = anyone who(m)
	whatever = anything that	whichever = anything that
주의	선행사를 포함하고 있으므로 선행사와 함께 사용할 수 없다.	

2. 복합관계대명사의 격을 구분해야 한다.

복합관계대명사는 선행사가 올 수 없다. 그리고 뒤의 문장과 관련해서는 "격"을 주의 한다

Anyone whoever comes first can get this present. (X)
(누구든지 처음으로 오는 사람이 이 선문을 가질 수 있다.)
복합관계대명사 whoever가 선행사를 포함하기에 Anyone이라는 선행사가 중복됐다. Anyone을 삭제해야한다.

Whoever loves me will be loved by me. (나를 사랑하는 누구라도 나에게 사랑받을 것이다.) ● 주격
Ask **who(m)ever** you meet. (네가 만나는 누구에게든지 물어보아라.) ● 목적격
Whoever may oppose, I'll make it. (누가 반대할지라도 난 이것을 해낼 것이다.)
= **No matter who** may oppose, I'll make it.

Simple Check 2

Type A 주어진 괄호 안에 알맞은 것을 고르시오.

1. (That / What) surprised him was the news that she would marry.

2. (Whichever / No matter what) you choose, you won't be satisfied.

Type B 잘못된 부분을 고치세요.

1. I will not lost whoever book you lend.

2. We should judge a man not by what he is but by what he has.

Chapter 09. 관계사

[출제 POINT] 유사관계대명사

유사관계대명사란 본래의 기능은 접속사인데 관계대명사처럼 쓰이는 경우가 있으며 as, but, than이 이에 해당한다. as, but, than 이 관계대명사처럼 쓰이는 경우 여타 관계대명사와 마찬가지로 뒤에는 불완전한 절이 따라오게 된다.

1. as

일반적으로 선행사에 such, as, the same 등이 나오면 관계대명사로 as를 사용할 수 있으며, 앞이나 뒤 문장의 전체를 선행사로 받을 수도 있다.

- such ~ as
  Buy **such** books **as** you can read through.
  (네가 처음부터 끝까지 읽을 수 있는 책을 사라.)

- as ~ as
  As many people **as** came here prayed to God.
  (여기에 온 모든 사람들이 신에게 기도했다.)

- 문장 전체를 선행사로 받는 경우
  I lent some money to him, **as** I regard the money as gone.
  (나는 그에게 돈을 조금 빌려줬는데, 그것을 그냥 나는 없어진 돈이라 생각한다.)

2. 부정의미 포함 관계대명사 but

일반적으로 선행사 앞에 부정어가 올 경우 유사관계대명사 but을 사용하는 경우가 많다. 즉, but은 관계대명사로 쓰일 때, 부정의 의미가 포함되어 있으니 주의해야 한다.

There is no rule that has not exceptions.
= There is no rule **but** has exceptions. (that + not = but)
= Every rule has exceptions.
(예외 없는 규칙은 없다.)

3. 비교대상을 표시하는 유사관계대명사 than

She paid much more money **than** she expected.
(그녀는 예상했던 것보다 훨씬 더 많은 돈을 지불했다.)

[출제 POINT] 관계부사

1. 의미

기본적 성질은 관계대명사와 유사하지만 뒤에 불완전한 문장이 오는 관계대명사와는 달리 완전한 문장이 오는 경우를 관계부사라고 한다.

선행사	관계부사	전치사 + 관계대명사 = 관계부사
시간(the time, the day)	when	at[on,in] + which = when ◐ 시간의 전치사
장소(the place, the city)	where	at[on,in] + which = when ◐ 장소의 전치사
이유(the reason)	why	for + which = when ◐ 이유의 전치사
방법(the way, method)	how	in + which = how ◐ 방법의 전치사

The building **where(in which)** he lives was built in 2001.
(그가 살고 있는 건물은 2001년에 지어졌다.) ◐ 전치사 + 관계대명사 = 관계부사

The book is the place **where** you left.
(그 책은 네가 두고 간 곳에 있다.)

He gave no reason **why** he scolded his brother.
(그는 그의 동생을 꾸짖은 이유를 말하지 않았다.)

◐ why가 있을 때 reason을 생략하지 않는다. 즉, reason을 선행사로 받는다.

그 외의 관계부사들은 선행사를 생략하는 것이 원칙이다. (중복 의미 해설 사용 불가)
단, why가 명사절로 사용될 때에는 reason을 생략하는 것이 원칙이다.

This is **why** I refused to go.
(이것이 내가 가기를 거절한 이유입니다.)

2. 복합관계부사

• whenever	at any time when ~ ~때는 언제나	no matter when ~(may) 언제라도
• wherever	at any place where ~ ~곳은 어디에나	no matter where ~(may) 어디에~가도
• however	no matter how ~(may) 아무리 ~해도	

He should have given a call to us **wherever** he had gone.
(그는 어디에 갔던지 우리에게 전화를 해야만 했었다.)

However hard you (may) try, you cannot succeed.
(아무리 열심히 노력한다 해도 너는 성공 할 수 없다.)

◎ 'however + 형용사(부사) + 주어 + 동사' 의 어순에 주의한다.

Simple Check 3

Type A 주어진 괄호 안에 알맞은 것을 고르시오.

1. This is (the way) (why / how) he succeed.

2. I can't exactly know (the time) (when / where) the game is over.

Type B 잘못된 부분을 고치세요.

1. My parents gave me that I wanted.

2. Whenever you hide, she is sure to find you out.

STEP 2 Basic Practice

Fill in the blank with the most appropriate word and phrase.

1. A: What shall I study?
   B: I don't care. You may study _____.
   (a) what you like
   (b) which you like
   (c) whom you like
   (d) whatever you like

2. A: _____ I got to the cash register, I discovered that I did not have enough money to cover the bill.
   B: Don't worry. I'll lend you some money.
   (a) Where
   (b) When
   (c) What
   (d) Since

3. A: How many kinds of scorpions are there?
   B: There are over 74 varieties of scorpions, _____ are harmless to humans.
   (a) most of which
   (b) most of them
   (c) almost they
   (d) whichever

4. A: What is the main reason for the errors?
   B: The major errors _____ managers commit in problem solving is jumping to a conclusion about the cause of a given problem.
   (a) that
   (b) what
   (c) whom
   (d) whatever

5. A: Did she find a place for living?
   B: She wants to rent the apartment _____ she saw last Sunday.
   (a) what
   (b) that
   (c) where
   (d) which

Chapter 09. 관계사   105

6. A: What is the picture?
   B: It is the photograph of the home _____ I grew up.
   (a) where
   (b) which
   (c) of which
   (d) when

7. Abstract expressionism was an art movement of the 1940's _____ form and color within a nonrepresentational framework.
   (a) what it emphasized
   (b) that it emphasized
   (c) that emphasized
   (d) when emphasized

8. There are many organizations _____ purpose is to help endangered animals.
   (a) which
   (b) what
   (c) whose
   (d) that

9. The happiness and success of every man depend on the manner _____ a small thing is dealt with.
   (a) in which
   (b) of which
   (c) which
   (d) that

10. Most people know _____ like to have their blood pressure taken.
    (a) what it is
    (b) that it
    (c) which
    (d) of which is

11. Every animal has its own magnetism _____ is its source of strength and intelligence.
    (a) whichever
    (b) whatever
    (c) what
    (d) which

12. Now that we have got liberty, we may do _____ we like.
    (a) whatever
    (b) something whatever
    (c) which
    (d) that

Identify the grammatical error in the dialogue.

13. (a) A: What was wrong with you this morning?
    (b) B: Wrong with me? I'm sorry, Mary. I don't know that you mean.
    (c) A: You walked straight past me. You didn't say a word!
    (d) B: Really? Where?

14. (a) A: Slow down! You're walking too fast.
    (b) B: Come on! Walking fast helps burn the fat.
    (c) A: But I'm not in as good shape as you. This is my first time hiking.
    (d) B: We haven't walked far. Just less that a kilometer.

Identify the ungrammatical sentence in the passage.

15. (a) Every society needs heroes, and every society has them. (b) Some heroes shine in the face of great adversity, performing amazing deeds in difficult situations; (c) Other heroes do their work quietly, unnoticed by most of us, but making a difference in the lives of other people. (d) Whatever their type, heroes are selfless people who performs extraordinary acts.

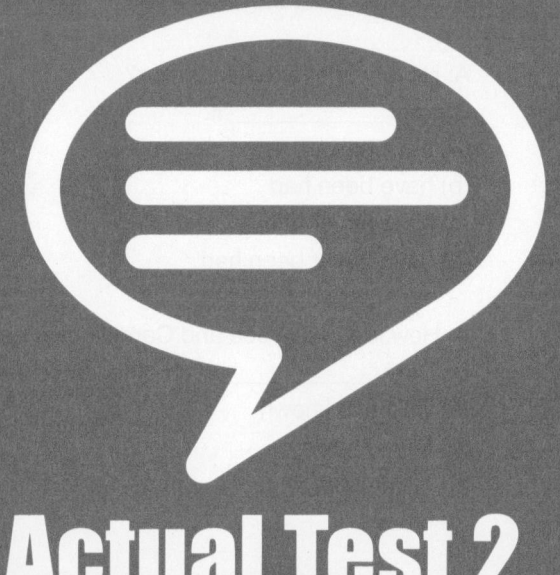

Actual Test 2

Actual Test 2

Fill in the blank with the most appropriate word and phrase.

1. A: Have you ever eaten caviar?
   B: No, I _____ it.
   (a) have had
   (b) have been had
   (c) have never had
   (d) have never been had

2. A: How long have Joe and Carol known each other?
   B: They _____ each other since they were in college.
   (a) will have known
   (b) have known
   (c) had known
   (d) know

3. A: Can I purchase this product in Japan?
   B: Sure. Our product _____ in 16 countries.
   (a) has marketed
   (b) are being marketed
   (c) is being marketed
   (d) have marketed

4. A: If I spoke English, I would watch the American soaps.
   B: I think you can just try to watch _____.
   (a) that
   (b) it
   (c) those
   (d) them

5. A: Why didn't Tom apply for the job?
   B: He _____.
   (a) should have forgotten it
   (b) could have forgotten it
   (c) could have forgotten one
   (d) should have forgotten one

6. A: What did Mr. Cook say?
   B: He suggested to us that _____.
   (A) we should stop harassing the weak lady
   (B) stop harassing the weak lady
   (C) we stop harassing the weak lady to us
   (D) we would stop harassing the weak lady

7. A: Lett is acting very strange today.
   B: He _____ drunk some liquor before he came here, or he wouldn't have behaved like that.
   (A) must have
   (B) had to
   (C) could have
   (D) may have

8. A: Let's go to some place and eat dinner first.
   B: Okay. I really enjoy _____ for dinner.
   (a) to go out
   (b) going out
   (c) go out
   (d) go

9. A: What do you think of this city?
   B: Because air pollution is greatly reduced, this city is still _____ to live in.
   (a) a good place
   (b) the good place
   (c) good place
   (d) good places

10. A: How much is this Tiffany ring?
    B: It cost _____.
    (a) a three thousand and two hundred dollars
    (b) three thousands and two hundreds dollars
    (c) three thousand and two hundred dollars
    (d) the three thousand and two hundred dollars

11. Neither she _____ responsible for the accident.
    (a) nor I are
    (b) nor I am
    (c) or I are
    (d) or I am

12. It's no use expecting an answer today, as our letter _____ .
    (a) has not yet received
    (b) will not yet have been received
    (c) is not yet received
    (d) will not yet have received

13. By the time Fred _____ home, his father will have left for Paris.
    (a) got
    (b) getting
    (c) gets
    (d) will get

14. This restaurant is famous for its lasagna. More than 1 million plates _____ .
    (a) were served
    (b) have served
    (c) served
    (d) have been served

15. The professor is known _____ a professional football player in the 1970s.
    (a) to be
    (b) being
    (c) to have been
    (d) having been

16. This is not as easy as I thought _____.
    (a) it would be
    (b) it to be
    (c) it could be
    (d) it was

17. If I were to meet him at my magic dinner, all my mysteries _____.
    (a) will answered
    (b) would answered
    (c) would be answered
    (d) will be answered

18. If I _____ her address then, I would have written her.
    (a) had
    (b) had had
    (c) had have
    (d) have had

19. We who live as minorities in a multi-cultural setting are forced _____ ourselves the fundamental questions.
    (a) to ask
    (b) ask
    (c) to be asked
    (d) asking

20. _____ by the burglary yesterday.
    (a) Some furnitures were stolen
    (b) Some furniture was stolen
    (c) The furniture were stolen
    (d) A furniture was stolen

Identify the grammatical error in the dialogue.

21. (a) A: Hey, how about a drink?
    (b) B: Thanks, but not tonight.
    (c) A: Would you come for just a glass of wine?
    (d) B: I'd like, but I'm the designated driver tonight.

22. (a) A: Well, if I'm talking informally to a friend, I might say, "How about a cup of coffee?"
    (b) B: And if you're talking to someone you don't know well?
    (c) A: I'd say, "If you are free, why don't you like to have a cup of coffee with me?"
    (d) B: Uh-huh!

Identify the ungrammatical sentence in the passage.

23. (a) Those who cannot make a success in their business or profession are the ones whose concentration is poor. (b) Many of those who have succeeded in life owe this to the fact that their concentration is good. (c) If one is an artist, with the help of concentration one could produce wonderful works. (d) However qualified a person may be, he will not be able to make the best use of his qualifications without concentration.

24. (a) It is important to be mindful about every single aspect of purchasing food. (b) Try to not race through your shopping. (c) In my hometown, nobody would buy a melon without feeling it and smelling it; (d) And nobody would dream of buying a chicken without knowing which farm it came from and what it ate.

25. (a) In some villages in many developing countries people obtain their water from ponds nearby. (b) The water is not very clean but it is all they have. (c) Women and children fill the buckets or cans with water and carry it back to their homes. (d) In some countries, they make the water a little safer by passing it through a water filter.

Chapter 10

형용사와 부사

Chapter 10 형용사와 부사

STEP 1 출제 포인트

[출제 POINT] 수량형용사

1. a lot of(lots of)는 가산명사, 불가산명사에 모두 쓸 수 있다.

2. a number of, the number of

	의미	수일치
A number of	많은 (=many)	복수동사에 일치
The number of	~의 수	단수동사에 일치

A number of members were present. (많은 회원들이 참석했다.) ⊙ 복수
The number of members has increased rapidly. (회원의 수가 급격하게 증가하고 있다.) ⊙ 단수

3. many, many a

> many + 복수명사 + 복수동사
> many a + 단수명사 + 단수동사 ⇒ 대명사는 단수로 일치

People visit **many** places to get services. (사람들은 서비스를 얻기 위해 많은 장소를 방문한다.) ⊙ 복수
People visit **many a** place to get services. ⊙ 단수

4. few, little
We have **a few** friends in Seoul. (우리는 서울에 친구가 조금 있다.)
We have **few** friends in Seoul. (우리는 서울에 친구가 거의 없다.)
There is **a little** hope of her loving me. (그녀가 나를 사랑할 가능성이 조금은 있다.)
There is **little** hope of her loving me. (그녀가 나를 사랑할 가능성은 거의 없다.)

5. 이미 수치 개념을 지니고 있는 단어들 중 many와 much 대신에 high와 low를 쓰는 경우

> price salary income speed temperature pressure level standard demand

6. 이미 수치 개념을 지니고 있는 단어들 중 many와 much 대신에 large와 small을 쓰는 경우

> audience family population amount number sum

7. 관용표현

many	as many	같은 수의
	like so many	같은 수의 ~처럼
much	as much	같은 양의
	like so much	같은 양의 ~처럼
	not so much A as B	A라기 보다는 오히려 B
few	not a few = quite a few = many	많은
	only a few (very few)	약간(소수)의
little	not a little = quite a little = much	많은
	little better than	~와 다를 바 없는

I have four friends in Seoul and **as many** friends in Busan.
(나는 서울에 4명의 친구가 있고 부산에도 4명이 있다.)
The lights are shining **like so many** stars.
(불빛들이 수많은 별들처럼 빛나고 있다.)
Ten hours went by **like so many** minutes.
(10시간이 마치 10분처럼 지나가 버렸다.)
She has **only a few** books to read.
(그녀는 읽을 책이 거의 없다.)

[출제 POINT] 혼동하기 쉬운 형용사

respectable	존경할 만한	He is a **respectable** teacher.
respectful	공손한	You should be **respectful** to your parents.
respective	각각의	They went back to their **respective** hometown.
imaginable	상상할 수 있는	I have tried every means **imaginable**.
imaginary	가상의, 허구의	He wrote an **imaginary** tale.
imaginative	상상력이 풍부한	He is an **imaginative** writer.
economic	경제의	I am interested in **economic** policy.
economical	검소한	It is **economical** to buy large quantities.
healthful	건강에 좋은	The food is **healthful** diet.
healthy	건강한, 건전한	He is quite **healthy**.
historic	역사상으로 중요한	This is a **historic** building.
historical	역사의	I like reading **historical** novels.
industrial	산업의	I visited an **industrial** exhibition.
industrious	근면한, 부지런한	She proved to be **industrious**.
childlike	천진난만한, 순진한	I like him because of his **childlike** behavior.
childish	유치한	He is very **childish** sometimes.
considerable	상당한	It takes **considerable** money to buy it.
considerate	사려깊은, 동정심 많은	It was **considerate** of him to say so.
successful	성공적인	I am **successful** in passing the exam.
successive	연속적인, 계승의	There were **successive** disasters.
intelligible	알기 쉬운	He always say something **intelligible**.
intelligent	총명한	He is an **intelligent** student.
valueless	가치 없는	These are **valueless** books.
invaluable	매우 귀중한	This is an **invaluable** book.
memorable	기억할 만한	He delivered a **memorable** speech.
memorial	기념의, 추도의	We prepared a **memorial** service.
practicable	실행(사용)가능한	The roads are **practicable**.
practical	실용적인	We had a **practical** test.

classic classical	일류의, 표준적인 고전의, 고전적인	The painting is **classic** works. I am ignorant in **classical** music.
literal literary literate	문자상의 문학의 글을 읽을 줄 아는	Understand only the **literal** meaning of the word. He won the **literary** prize. He has been **literate** since he was 3.
comic comical	희극의 우스운	A **comic** scene was enacted at a sudden. He showed us a **comical** gesture.
popular populous	인기있는, 대중의 인구가 많은	He is a **popular** professor. Seoul is **populous** city.
beneficial beneficent	이로운, 유익한 자비로운	This is **beneficial** to health. He has **beneficent** parents.
luxurious luxuriant	사치스러운 비옥한, 번성한	This is a **luxurious** hotel. This crops are of **luxuriant** growth.
momentous momentary	중대한 순간적인	We made a **momentous** decision. A **momentary** impulse is dangerous thing.

Simple Check 1

Type A 주어진 괄호 안에 알맞은 것을 고르시오.

1. It was very (sensitive / sensible) of him to have followed her advice.
2. The investigation required the cooperation of a (few / number) of different units.

Type B 잘못된 부분을 고치세요.

1. It is considerable of you to play the piano while your mother had a headache.
2. A number of students is playing basketball in the street.

[출제 POINT] 부사의 형태와 형용사와의 구분

1. 부사의 형태

부사는 주로 형용사에 -ly가 붙은 형태가 자주 쓰인다. (예외: friendly, lovely와 같은 명사에 -ly가 붙는 형태)

2. 과거분사, 현재분사는 부사가 수식한다.

분사는 형용사 기능을 하기에 형용사가 수식할 수 없다.
This product is the most wide used recently. (X)
This product is the most **widely** used recently.
(이 상품은 최근에 가장 폭넓게 사용되고 있다.)

3. 명사 앞에는 부사가 올 수 없다.

Carefully writing is more important than others. (X)
Careful writing is more important than others.
(주의 깊은 글쓰기는 다른 것들보다 중요하다.)

◎ 단, 부사가 문장 전체를 수식하기 위해 문장 앞에 올 경우, (쉼표)와 함께 올 수 있다.
Strangely, he got a bad grade.
(이상하게도 그는 나쁜 성적을 받았다.)

[출제 POINT] 주의할 부사와 형용사

1. 주의할 부사의 의미: 원래 부사로 쓰이는 단어에 -ly가 붙으면 추상적이고 비유적인 의미로 쓰이는 경우가 많다.

late 늦게 — lately 최근에, 요즈음	dear 비싸게 — dearly 극진히
free 무료로 — freely 자유로이	near 가까이 — nearly 거의, 가까이에
hard 열심히 — hardly 거의-않다	wide 넓게 — widely 널리 〈범위〉
high 높게 — highly 크게, 대단히	direct 직접적으로 — directly 즉시
pretty 매우 — prettily 아름답게, 곱게	cheap 싸게 — cheaply 싸게 〈추상적〉
deep 깊게 — deeply 매우	

We arrived an hour **late**. (우리는 한 시간 늦게 도착했다.)
I haven't seen him **lately**. (나는 최근에 그를 못 보았다.)

I paid money **dear** in the department store. (나는 그 백화점에서 비싸게 지불했다.)
He treated his parents **dearly**. (그는 부모를 극진히 모셨다.)

Admission **free**. (입장무료)
Express your thought **freely**. (당신의 생각을 자유롭게 표현하세요.)

We must study **hard**. (우리는 열심히 공부해야 한다.)
I can **hardly** believe it. (나는 이것을 거의 믿을 수 없다.)

A bird is flying **high**. (새가 높게 날고 있다.)
The movie is **highly** amusing one. (그 영화는 매우 재미있다.)

He fired a shot **direct**. (그는 직접 총을 쏘았다.)
I'll be with you **directly**. (당신과 함께 즉시 가겠습니다.)

2. 부사로 착각하기 쉬운 형용사 (-ly형태의 형용사)

흔히 -ly로 끝나면 부사라 생각하기 쉽지만, 명사 뒤에 -ly가 붙은 형태는 일반적으로 형용사인 경우가 대부분이다.

friendly 우호적인	**manly** 사내다운, 용감한	**motherly** 자애로운
orderly 규칙적인	**homely** 가정적인, 소박한	**lovely** 아름다운
lonely 고독한	**costly** 비싼	**timely** 때에 알맞은
lively 활기찬, 생생한	**juicy** 즙 많은	**daily** 매일의
monthly 월간의, 매달의	**yearly** 연간의, 매년의	**worldly** 세상의, 세속적인

단, daily, monthly, yearly는 부사로 쓰이는 경우도 간혹 있다.

We have a **lively** discussion.
(우리는 활발한 토론을 했다.)
The woman used to look **homely**.
(저 여자는 소박하게 보였었다.)
Write down your **yearly** income in the form.
(그 양식에 당신의 연간 수입을 적어주세요.)
The policeman made a **timely** appearance on the scene.
(그 경찰이 현장에 때 맞춰 나타났다.)
The woman enjoy **manly** sport such as boxing, wrestling.
(그 여성은 복싱 레슬링 같은 남성 스포츠를 즐긴다.)

[출제 POINT] 부사의 위치

1. 형용사 / 부사의 수식

부사가 형용사나 부사를 수식하는 경우에는 바로 앞에서 수식하는 경우가 일반적이다.

He is **quite** talkative. 부사+형용사 (그는 심한 수다쟁이다.)
He talks **very** carefully. 부사+부사 (그는 매우 조심스럽게 말한다.)

2. 후치수식부사

형용사나 부사를 수식할 때, 뒤에서 수식하는 부사들이 있다.

> enough   alone   also   else   too   either

단, enough가 형용사로 '충분한'의 뜻을 가질 경우 보통 형용사와 마찬가지로 수식하는 명사의 앞에 올 수도 있다.(후치수식도 가능)

We saved **enough** food for a week. (우리는 일주일 동안의 충분한 식량을 저장했다.)
◎ 형용사로 쓰인 enough로 명사 food앞에 위치했다.

The meat is done **enough**. (고기가 충분히 익었다.)
There is no one **else** to come. (더 올 사람이 없다.)

3. 자동사 / 타동사 수식

부사가 자동사를 수식할 때는 동사의 뒤, 타동사를 수식할 때에는 목적어의 뒤에 위치하고, 단, 목적어가 절로 연결되는 등의 긴 경우에는 동사 바로 뒤에 위치한다.

The man ran away **suddenly**. ◎ 자동사+부사
(그가 갑자기 달아났다.)
He carried the news **carefully**. ◎ 타동사+목적어+부사
(그가 조심스럽게 그 소식을 알렸다.)
He confessed **frankly** that he had broken the vase. ◎ 타동사+부사+목적어
(그는 꽃병을 깼다고 솔직히 고백했다.)

4. 빈도, 정도 부사의 위치

위치	① be동사 뒤 ② 일반동사, have동사 앞 ③ 조동사와 본동사 사이 / be + p.p 사이					
빈도부사	frequently regularly	scarcely usually	ever rarely	once often	always never	seldom sometimes
정도부사	almost hardly	greatly deeply	nearly generally	wholly mostly	completely	

The teacher **always** comes on time. ◐일반 동사의 앞에 위치
(그 선생님은 항상 정각에 오신다.)

The teacher has **always** studied with his students. ◐조동사(have)와 p.p형태의 사이
(그 선생님은 항상 그의 학생들과 공부해오셨다.)

He can be **hardly** praised. ◐수동태 be와 p.p의 사이
(그는 좀처럼 칭찬받을 수 없다.)

Simple Check 2

Type A 주어진 괄호 안에 알맞은 것을 고르시오.

1. My brother usually goes to bed (late / lately).

2. The noise next door was so loud that I could (hard / hardly) hear radio in my own room.

Type B 잘못된 부분을 고치세요.

1. When did she get in home?

2. I never have heard Rumanian spoken.

STEP 2 Basic Practice

Fill in the blank with the most appropriate word and phrase.

1. A: That is Bob's brother.
   B: I thought so. He looks _____ Bob.
   (a) just alike
   (b) just like
   (c) alike
   (d) the same

2. A: Did John always answer correctly?
   B: Yes, he's almost _____ right.
   (a) rarely
   (b) ever
   (c) always
   (d) usually

3. A: How many books do you read?
   B: I read all _____ books.
   (a) these thin ten
   (b) thin these ten
   (c) these ten thin
   (d) thin ten these

4. A: He is changed a lot lately.
   B: I had not expected _____ radical change in his behavior.
   (a) so much
   (b) such a
   (c) too much
   (d) such

5. A: That house is very old.
   B: _____, it is still very beautiful.
   (a) Maybe it is as old as
   (b) As old as it may be
   (c) As it may be old as
   (d) Maybe it is as old

6. A: Can you fix my car?
   B: No, I know _____ about cars.
   (a) too small
   (b) very few
   (c) too little
   (d) none

7. The movies _____ the end, when they came home.
   (a) had already reached
   (b) had almost reached
   (c) had reached almost
   (d) had reached hardly

8. The senator said there was _____ little money allocated for education.
   (a) too
   (b) so
   (c) enough
   (d) all

9. The current economic crisis caught _____ by surprise.
   (a) almost everyone
   (b) the most everyone
   (c) most anyone
   (d) most everyone

10. We _____ at night.
    (a) often work lately
    (b) often work late
    (c) work often lately
    (d) work often late

11. John was _____ the accident that it will take more than a year for him to recover.
    (a) so much injured
    (b) such badly injured in
    (c) so badly injured in
    (d) so badly injured

12. It is constantly in the process _____.
    (a) of becoming something different
    (b) of becoming different something
    (c) of became different something
    (d) of became something different

Identify the grammatical error in the dialogue.

13. (a) A: Hi. Tony. What do you usually do on weekends?
    (b) B: Oh, I usually study, but sometimes I go to a movie.
    (c) A: Uh, huh. Well, I often go to movies, but I seldom study.
    (d) B: Well, I don't study as many as Greg. He always studies on the weekends. He never goes out.

14. (a) A: Look at her dress! It's the same as mine! There is no difference.
    (b) B: No, it isn't. It's different from yours.
    (c) A: Is it?
    (d) B: Yes. Here is more short than yours.

Identify the ungrammatical sentence in the passage.

15. (a) Moles are also believed to foretell the future. (b) Having a mole over one's right eyebrow means he or she will be lucky with money and have a successful career. (c) A mole on the hand, however, is most desired. (d) It forecasts talent, health, and happiness.

Chapter 11

분사와 분사구문

Chapter 11 분사와 분사구문

STEP 1 출제 포인트

[출제 POINT] 분사의 형태에 따른 용법 : -ing가 붙는 현재분사, -ed가 붙는 과거분사

1. 현재분사와 과거분사의 의미상 또는 기능상 차이점

현재분사	능동, 진행의 의미	원인격
과거분사	수동, 완료의 의미	경험격

It is **interesting** story. ◎ story는 interest를 만드는 원인격
(이것은 재미있는 이야기이다.)

They were **surprised**. ◎ they는 surprise를 받은 경험격
(그들은 놀랐다.)

2. 현재분사
현재분사는 능동이나 진행의 의미를 나타내며, 어떤 표현에 대한 '원인'이 된다.

It is an **exciting** game. ◎ 원인: 현재분사 → I was excited. (결과: 과거분사)
(이것은 흥미로운 게임이다.)

They are **amusing** students. ◎ 원인: 현재분사
(그들은 재미있는 학생들이다.)

cf. They are **amused** students. ◎ 결과: 과거분사
(그들은 재밌어하는 학생이다.)

3. 과거분사
과거분사는 수동이나 완료의 의미를 가지며, 어떤 표현에 대한 '결과'나 '경험'이 된다.

An urgent conference was **convened** in this morning. ◎ 수동의 의미로 결과를 나타냄
(긴급회의가 오늘 아침에 소집되었다.)

They are **bored** whenever the teacher delivers a speech. ◎ 수동의 의미로 결과를 나타냄
(선생님이 연설할 때 마다 그들은 지루해한다.)

4. 현재분사와 과거분사의 구분
보통 3형식 문장에서는 다음과 같은 경우가 많다.

분사 뒤에 명사가 바로 나오는 경우 ◎ 현재분사 자리
A great pianist left the concert hall after **giving** a performance.
(유명한 피아니스트는 공연을 한 후 콘서트홀을 떠났다.)

분사 뒤에 전치사구가 나오는 경우 ◯ 과거분사 자리
Steeplechasing gets its name from races once held in Ireland.
(장애물 경마는 오래전에 아일랜드에서 개최된 경기로부터 이름을 얻었다.)

[출제 POINT] 분사의 역할

1. 보어 역할 : 2형식과 5형식 문장에서 보어로 주로 쓰인다

● 주격보어
Mother sat reading the book.
(어머니는 그 책을 읽으면서 앉아 계셨다.)

● 목적격보어
I heard him playing the piano. ◯ 현재분사
(나는 그가 피아노 치는 것을 들었다.)
I made my car repaired.
(나는 내 차를 수리했다.)
He had his son killed in the accident. ◯ son과 kill의 동작은 수동관계이다.
(그는 그의 아들을 사고로 잃었다.)
비교: **He had his son kill the game.** ◯ son과 kill의 동작은 능동관계이기에 원형부정사를 썼다.
(그는 그의 아들에게 그 사냥감을 죽이도록 했다.)

2. 문장 간결화

As I was walking along the street, I met a friend.
→ **Walking** along the street, I met a friend.
(길을 따라 걷고 있을 때, 나는 한 친구를 만났다.)

As it was written in easy English, the book is good for beginners.
→ **Written** in easy English, the book is good for beginners.
(쉬운 영어로 쓰여 있어서, 그 책은 초보자들에게 좋다.)

3. 분사구문의 위치는 문장 앞, 중간, 뒤 어디에도 올 수 있다.

> 문장 앞 : **Walking** along the street, I met a friend.
> 문장 중간 : I, **walking** along the street, met a friend.
> 문장 뒤 : I met a friend, **walking** along the street.

Chapter 11. 분사와 분사구문

4. 분사구문의 부정

분사구문을 부정할 때에는 not이나 never가 분사 앞에 위치한다.

Not knowing what to do, I asked for his advice.
(어찌할 바를 몰라, 나는 그의 조언을 구했다.)

5. 분수구문의 의미상의 주어

● 분사구문의 의미상의 주어와 주절의 주어가 서로 다른 경우 분사구문 앞에 의미상의 주어를 표시한다.
Being fine, we took a walk. (X)

◎ 분사구문의 의미상의 주어와 주절의 주어가 일치하지 않는다.
It being fine, we took a walk. (O)
(날씨가 좋아서 우리는 산책을 했다.)

● 의미상의 주어는 주격인 명사로 표시한다.
The window being open, the room was cool.
(창문이 열려 있어서, 방은 시원했다.)
A new term beginning, we expected to see new friends.
(새 학기가 시작되면서, 우리는 새 친구를 만날 것을 기대했다.)

Simple Check 1

Type A 주어진 괄호 안에 알맞은 것을 고르시오.

1. If he were brightly (coloring / colored) like the hummingbirds, the enemies could see him more easily.

2. They are five of the more than 300 languages (speaking / spoken) in the United States.

Type B 잘못된 부분을 고치세요.

1. Had no money, she could not buy it.

2. Her father is ill, she couldn't start at once.

[출제 POINT] 분사구문의 종류

분사구문은 다양한 접속사가 생략된 형태이기에, 여러 가지 상황을 표현하게 된다.

1. 시간을 표현하는 경우

Running a taxi company, I lost much money.
= While(When / As) I was running a taxi company, I lost much money.

내가 택시회사를 운영하는 동안에(while)
내가 택시회사를 운영할 때(when) ─ 나는 많은 돈을 잃었다.
내가 택시회사를 운영하면서(as)

2. 이유를 표현하는 경우

Not knowing what to do, I asked for his advice.
= As(Because / Since) I didn't know what to do, I asked for his advice.
(무엇을 해야 할지 몰라서 나는 그의 조언을 요청했다.)

Disappointed, I struck him in the face.
= As(Because/Since) I was disappointed, I struck him in the face.
(실망해서 나는 그의 얼굴을 쳤다.)

3. 조건을 표현하는 경우

Listening at the news, she will sob into her handkerchief.
= If she listens at the news, she will sob into her handkerchief.
(만일 그녀가 그 소식을 듣는다면, 그녀는 손수건에 얼굴을 묻고 흐느껴 울 것이다.)

4. 양보를 표현하는 경우

Admitting what you say, I can't believe it.
= Though I admit what you say, I can't believe it.
(비록 당신이 말한 것을 인정한다 할지라도, 나는 그것을 믿을 수 없다.)

5. 연속동작을 표현하는 경우

Entering the auditorium, they crowed around the famous actress.
= As they were entering the auditorium, they crowded around the famous actress.
(강당에 들어가면서 그들은 유명한 여배우 주위에 모여들었다.)

6. 부대상황을 표현하는 경우

부대상황은 하나의 동작이 일어날 때 부대적으로 발생한 상황을 표현하는 구문이다. 또한, 분사구문과 마찬가지로 시간, 이유, 동시상황, 양보 등의 여러 의미를 나타낸다.

형태 : with + 〈전치사의 목적어〉 + 〈명사, 형용사, 분사, 부사, 전치사〉

Don't speak with your mouth full. ○ 형용사 full 이 사용된 경우
(입에 가득 담고 말을 하지 말거라.)
He stood there with his hands put into a pocket. ○ 과거분사 put
(그는 주머니에 손을 넣은 채로 그 곳에 서있었다.)
With his parents gone, he was sent to an orphanage. ○ '이유'를 나타내는 부대구문으로 과거분사 gone
(그의 부모님이 돌아가셔서, 그는 고아원에 보내졌다.)
She holds my hands, **with the tears running down.** ○ 현재분사 running
(그녀는 눈물을 흘리면서 내 손을 잡고 있었다.)
With her eyes closed, she sleeps at night. ○ 과거분사 closed
(그녀는 눈을 감고 잠을 잔다.)
With night coming on, we started home. ○ 현재분사 coming
(밤이 다가오면서, 우리는 집으로 출발했다.)

[출제 POINT] 분사구문의 시제

종류	시제관계
단순분사(동사원형 + ing/ed)	주절동사의 시제와 일치 〈현재-현재〉〈과거-과거〉
완료분사(having + p.p.)	주절동사의 시제보다 하나 앞선 시제 〈현재-현재 완료, 과거〉〈과거-과거완료〉

단순분사 구문은 동사원형~ing 형태를 취하며, 주절의 시제와 일치한다.
Carrying his books, he went downstairs. ○ 주절의 시제와 일치
(그는 그의 책을 들고 아래층에 내려갔다.)

완료분사는 Having + p.p. 형태를 취하며, 주절의 시제보다 한 시제가 앞선다.
Having been rich, he is envied by us.
⇒ As he was rich, he is envied by us. ◎ 과거-현재
⇒ As he has been rich, he is envied by us. ◎ 현재완료-현재
(부자였으므로 그는 우리들로부터 부러움을 산다.)

Having been rich, he was envied by us.
⇒ As he had been rich, he was envied by us. ◎ 과거완료-과거
(부자였으므로 그는 우리들로부터 부러움을 샀었다.)

Simple Check 2

Type A 주어진 괄호 안에 알맞은 것을 고르시오.

1. (Being / It being) a fine day, she went out for a walk.

2. (There being / There was) no taxi on the street, she had to go home on foot.

Type B 잘못된 부분을 고치세요.

1. Mr. Kim must be an American judged from his accent.

2. Written the letter, Hwa-Jin mailed it at the post office.

STEP 2 Basic Practice

Fill in the blank with the most appropriate word and phrase.

1. A: My watch stopped, Mom.
   B: Maybe you need a new battery. I can get it _____ for you tomorrow.
   (a) changed
   (b) to change
   (c) being changed
   (d) change

2. A: Did the police solve the case?
   B: When _____ police, the thief admitted stealing the diamonds.
   (a) questioning from
   (b) questioned from
   (c) questioning by
   (d) questioned by

3. A: My friend Greg thought Minority Report was _____ movie.
   B: That's not true. That was a really great movie.
   (a) a confused
   (b) a confusing
   (c) the confused
   (d) the confusing

4. A: How do you think of David?
   B: I like him, but he _____ at times.
   (a) can be very annoyed
   (b) may be very annoying
   (c) can be very annoying
   (d) may be very annoyed

5. A: Why did they hire Mark?
   B: _____, he was employed as a guardian.
   (a) Be honest
   (b) Being honest
   (c) They being honest
   (d) Been honest

6. A: Do you think she is an English?
   B: _____ her accent, she must be an Australian.
   (a) Judging from
   (b) To Judge
   (c) Judged by
   (d) Judged from

7. You can take care of that matter _____.
   (a) recommending
   (b) being recommending
   (c) recommended
   (d) recommend

8. This college, _____ in 1800, is the oldest in this part of the United States.
   (a) it was established
   (b) established
   (c) has been established
   (d) having established

9. Harry Houdini became world-famous for his performances of feats of magic, _____ astounding ability in extricating himself from handcuffs, ropes, hooked trunks, and bonds of any sort.
   (a) showing
   (b) and the show
   (c) showed
   (d) were showing

10. In the movie, a teenager _____ to pursue a singing career meets resistance from his strong-willed father.
    (a) wanted
    (b) wanting
    (c) wants
    (d) who want

11. The people _____ the acrobat turn circles in the air were horrified when he missed the outstretched hands of his partner.
    (a) watch
    (b) watched
    (c) watching
    (d) were watching

12. Founded in 1961 and _____ an estimated 35,000 people, the organization has gained a reputation for brutality.
    (a) employed
    (b) have employed
    (c) employing
    (d) to have employed

Identify the grammatical error in the dialogue.

13. (a) A: Hi, Ms. Blane. This is Connor's Bookstore.
    (b) B: Oh, hi. Has the book I ordered come in?
    (c) A: That's why I'm calling. We've just received a message from the published company. There will be a delay on your order.
    (d) B: Oh, no. I need it for a paper I'm writing.

14. (a) A: I heard you went to that new restaurant on Queen Street. What's the name of it again?
    (b) B: It's called The Walnut Tree. It was great-terrific food, fast service, pleasant setting.
    (c) A: That's good to know. I have some clients came in from out of town next week and I'd like to take them to someplace nice. How are the prices?
    (d) B: Not bad at all. Oh, and here: I got one of their business cards with their address and phone number. You can have it.

Identify the ungrammatical sentence in the passage.

15. (a) King James I was a clever and learned man - far from the slobbering pedant he has sometimes been made out. (b) His defects were vanity and a softness in his nature, showing by his habit of lecturing people at one moment and giving way to them at another, and a liking for worthless favorites. (c) He could criticize a theory. (d) But he could not judge a man.

Chapter 12
전치사와 접속사

Chapter 12 전치사와 접속사

STEP 1 출제 포인트

[출제 POINT] 주요한 시간표시 전치사

- **at**: 시각 (몇시, 분, 초), 하루의 정오[밤, 일몰, 새벽]
- **in**: 월, 년, 계절, 세기, 하루의 오전[오후, 저녁] ; 기간(~사이)
- **on**: 특정한 요일, 날짜 , 특정한 날의[아침, 오후, 저녁]

at을 쓰는 경우: **at seven** 7시에, **at dawn** 새벽에, **at noon** 정오에
　　　　　　　at the beginning[end] of the month 월초[말]에, **at sunset** 해질녘에

in을 쓰는 경우: **in May** 5월에, **in 1995** 1995년에, **in the 21th century** 21세기에

on을 쓰는 경우: **on weekend** 주말에, **on January** 1월에
　　　　　　　on one's birthday 생일날에, **on Christmas day** 크리스마스에

참고: 일반적인 아침, 저녁은 in을 사용하고 특정한 날의 아침, 저녁에는 on을 사용한다.
　　　　　　　in the morning 아침에, **on a snowy night** 어느 눈 내리는 밤에
　　　　　　　on the morning of May 1 5월 1일 아침에

- **in** : (현재를 기준으로 하여) ~이 지나서
- **within** : (일정한 기간) ~ 이내에
- **after** : (과거를 기준으로 하여) ~이 지나서

in은 시간의 경과를 의미한다.
It will be done in a week.
(그것은 일주일내로 될 겁니다.)
He will be back in a few days.
(그는 며칠 지나서 돌아올 것입니다.)

within은 일정한 범위의 기간 안의 시점을 의미한다
He will visit us within a few days.
(그는 며칠 내에 우리를 방문할 것이다.)
　● 구어체(미)에서는 in과 within을 구분 없이 쓰기도 한다.

after는 과거 기준시점이 존재하는 경우 사용한다.
He got better after a month.
(그는 한달이 지나서 회복되었다.)

- **for** : 뒤에 기간을 나타내는 「수사 + 기간표시 명사」가 온다.
  ⇒ How long~?에 대한 대답
- **during** : 특정기간 중의 「동작, 상태의 계속기간」을 나타내는 명사가 온다.
  ⇒ When ~?에 대한 대답
- **through** : 처음부터 끝까지의 기간 (~동안 내내)을 표시한다.

The war lasted **for** five years. (그 전쟁은 5년간 지속되었다.)
He came here **during** my absence. (그는 내가 없을 때 이곳에 왔었다.)
I had a hard time sitting **through** concert. (연주회를 끝까지 앉아서 듣느라고 혼났다.)

- **since**: ~이래로 줄곧, 과거부터 현재까지의 계속을 나타내고 현재완료 시제와 자주 쓰인다. since뒤에는 과거시점이 와야 한다.
- **from**: ~부터(...까지)의 뜻으로 to와 함께 쓰며, 과거의 출발점을 나타내고 현재까지의 계속의 뜻은 없다. 즉, 단순히 일정 사실의 발생점만 표시한다.

I was in my office **from** 6 to 9.
(나는 6시부터 9시까지 사무실에 있었다.)
참고: 단순한 시간을 나타낼 때는 at, in, on을 쓴다.
참고: since는 전치사뿐만 아니라 접속사로도 사용된다.
I've been doing this work **since** I retired.
(은퇴한 이후로 난 계속 이 일을 해왔다.)

- **by**: (어느 때까지의) 동작의 완료를 표시
- **till**: (어느 때까지의) 동작, 상태의 계속을 표시

Finish it **by** six o'clock.
(6시까지는 끝내라.)
Please keep it **until** 7:30 p.m.
(오후 7시까지는 이것을 간직해다오.)
Please don't speak **until** you are spoken.
(누가 너에게 말을 걸기 전에는 말하지 마라.)

[출제 POINT] 공간표시 전치사

1. 정지 상태 공간

- **at** : - 비교적 좁은 장소(마을, 읍, 역)
  - 장소의 한 점 표시, 동작과 연관된 장소
  - 주소·번지 표시
- **in** : - 비교적 넓은 장소(도시, 국가)
  - 어느 구역, 지역안 표시 : ~속에, ~안에
  - 좁은 장소라도 자기가 살고 있는 곳

at home 집에   **at** the restaurant 식당에서
He lived **at** 11 Brattle Street. ⊙번지 (그는 Brattle 가 11번지에 살았다.)
He lived **in** New York. (그는 뉴욕에 살았다.)
He live **in** the house. (그는 집에 있다.)
in the distance 먼 곳에   **in** Korea 한국에서

거리 명에는 on(in)을 사용한다.
on Fifth Avenue 5번가에   **in[on]** the street 거리에서

2. 위·아래 공간

- **over** 〈수직으로 (바로)〉 위 〈공간 존재〉
  under 〈수직으로 (바로)〉 아래 〈공간 존재〉
- **above** 〈비스듬히, 막연하게, 보다 높은〉 위
  below 〈비스듬히, 막연하게, 보다 낮은〉 아래
- **on** 〈표면에 접촉해서〉 위
  beneath 〈표면에 접촉해서〉 아래
- **up** 〈위로 올라가는〉 운동의 방향
  down 〈아래로 내려가는〉 운동의 방향

over one's head 머리 위에   a bridge **over** a river 강에 걸린 다리
under the rug 양탄자 밑에   **under** the bridge 다리 바로 밑에
above the horizon 수평선 아래   **above** the trees 나무 위에
below the bridge 다리 아래쪽에   **below** the table 테이블 밑에
1500meters **above** (the) sea level 해발 1500미터

I see many flies **on** the ceiling. (나는 천정에 붙어있는 많은 파리를 본다.)
The ship was sunk **beneath** the waves. (그 배는 바다 속으로 가라앉았다.)
He was climbing **up** the mountain. (그는 산위로 올라가고 있는 중이었다.)

3. 사이 · 공간

- **between** : (둘) 사이, 양자 간의 사이
  ⇒ 뒤에 복수명사나 and로 이어진 단수명사가 옴.
- **among** : (셋 이상)사이 ⇒ 뒤에 복수명사, 집합명사가 옴.
- **beside** : ~곁에, 옆에 *cf.* **besides** ~이외에도

There is a long river **between** the two villages. (두 마을 사이에 긴 강이 있다.)
She was sitting **among** the boys. (그녀는 소년들 사이에 앉아 있다.)

He sat **beside** me. (그는 내 옆에 앉았다.)
참고: between ourselves = between you and me 우리 둘 사이의 얘기인데

4. 전 · 후공간

- **before** : 〈~의 앞에〉 정지상태
- **behind** : 〈~의 뒤에〉 정지 및 운동상태
- **after** : 〈~의 뒤에, ~을 쫓아〉 운동상태

The rock stoped **before** the gate. (문앞에서 돌이 정지했다.)
The policeman was running **after** the robber. (경찰이 강도를 쫓고 있었다.)

Simple Check 1

Type A 주어진 괄호 안에 알맞은 것을 고르시오.

1. School begins (at / from) 9.
2. The sun was (before / behind) the clouds.

Type B 잘못된 부분을 고치세요.

1. He eaten anything since yesterday.
2. He was running below the stairs.

[출제 POINT] 등위접속사

1. and

등위접속사의 대표적인 예로서 형태와 문법적 역할이 대등한 구문을 연결하므로 어느 부분이 대등하게 이어지는가를 잘 파악하면서 독해를 해야 한다.

- 문장의 연결 : She was in the library, **and** he went there to see her.
  (그녀는 도서관에 있었고, 그리고 그는 그녀를 보러 거기에 갔다.)
- 명사와 명사 연결 : We bought hats, gloves, **and** parasole.
  (우리는 모자, 장갑 그리고 파라솔을 샀다.)

2. but

- but 은 역접의 접속사이면서 독해에서는 but 이후의 문장이 작자의 진정한 의도를 나타내는 가치판단을 나타내는 주제문으로 작용한다는 점에서 의미가 있다.
- 또한 등위접속사로서 내용은 역접으로 연결이 되더라도 형식상 시제상은 병치가 되어야 한다는 한계가 있다.
  He didn't go to school, **but** stayed at home.
  (그는 학교에 간 것이 아니라 집에 머물렀다.)
- 주의해야할 but 관련 접속표현
  not A but B : A가 아니라 B
  not only(just) A but(also) B : 단지 A뿐만이 아니라 B
  not that A but that B : A 라서가 아니라 B 라서
  = not because A but because B

He is **not** a poet **but** a teacher. (그는 시인이 아니라 선생님이다.)
He is **not only** a poet **but(also)** a teacher. (그는 시인일 뿐만 아니라 선생님이기도 하다.)
The reason is **not that** I dislike the work, **but that** I have no time.
(그 이유는 제가 그 일을 싫어해서가 아니라 시간이 없어서입니다.)

3. or

- 대명사 연결 : You **or** I must go abroad on business.
  (당신이나 내가 해외에 출장을 가야 합니다.)
- 명사 연결 : Which do you like better, dogs **or** cats?
  (개와 고양이 중 무엇을 더 좋아하십니까?)
- 형용사 연결 : We will see him in five **or** six days.
  (5일이나 6일이 지나면 그를 볼 수 있을 것입니다.)

4. nor

nor은 not과 or가 합성어로 연결된 접속사로 둘 다 모두 아니다의 의미를 가진다. 즉 '~도 또한 아니다'의 뜻을 가지기에 주로 부정의 의미의 접속사가 된다. 그러나 단독으로 보다는 주로 not, neither 과 같은 부정어와 함께 쓰인다.

The novel is boring, **nor** have I read it through. (그 소설은 지루해서 나는 이것을 독파한 적이 없다.)

5. 기타 등위접속사

- **so**: 원인과 결과 연결
  He is still young, **so** he can make money for himself.
  (그는 여전히 젊다. 그래서 그는 스스로 돈을 벌 수 있다.)

- **yet**: 그러나
  The player did his best, **yet** his fans were disappointed at the score.
  (그 선수는 최선을 다했으나, 그의 팬들은 그의 득점에 실망했다.)

- **while**: ~반면에, 한편~
  He has remained poor, **while** his ex-wife has made much money.
  (그는 계속 가난했다, 반면에 그의 전부인은 많은 돈을 벌었다.)

- **nevertheless**: 그럼에도 불구하고
  No matter what people say, It is **nevertheless** the truth.
  (사람들이 뭐라 말하던 간에, 그것은 사실이다.)

- **for**: 왜냐하면 / because는 종속접속사이고, for는 대부분 앞에 , 가 있으며 등위접속사이다.
  We must not have this food, **for** the fish seems to go bad.
  (우리는 이 음식을 먹어서는 안 된다. 왜냐하면 그 물고기가 상한 것 같다.)

Simple Check 2

Type A 주어진 괄호 안에 알맞은 것을 고르시오.

1. In cities most of the ground is covered with concrete (its, or) asphalt.

2. We can't say that men's characters improve in proportion as their knowledge increase, (nor, or) can we say the opposite.

Type B 잘못된 부분을 고치세요.

1. The Han River not only provides water for both the daily life of Seoulites and industrial use that is also important for tourism.

2. You use the same amount of energy whether you walk nor jog a mile.

Chapter 12. 전치사와 접속사

[출제 POINT] 명사절을 이끄는 접속사

명사절은 문장에서 주어, 목적어, 보어 역할을 하는 명사의 기능을 가진 절이며, 이러한 명사절을 이끄는 접속사에는 that, whether, if, 의문사, 관계대명사, 복합관계대명사, 관계부사가 있다.

I don't know **if** he will come. ◦ 목적어절
(나는 그가 올지 안 올지 모른다.)
The question is **whether** he will invest or not. ◦ 보어절
(문제는 그가 투자를 할 것인가 아닌가이다.)

doubt, wonder, ask 등이 긍정문에 쓰일 때, 접속사 that이 아닌 if나 whether를 써야 하는 경우가 대부분이다.
It is doubtful **if** he will come here. ◦ 긍정문
(그가 여기 올지 의심스럽다.)
I don't doubt **that** he will come here. ◦ 부정문
(나는 그가 여기 올 것이란 것을 의심치 않는다.)

의문사나 관계사를 끼고 있는 경우
The question is **who** stole it. ◦ 의문사의 명사절
(문제는 누가 그것을 훔쳤냐는 것이다.)
I can't understand **what** he said. ◦ 관계대명사의 명사절
(나는 그가 말한 것을 이해할 수 없다.)
I don't care **whomever** you love. ◦ 복합관계대명사의 명사절
(네가 누구를 좋아하든지 난 신경 쓰지 않는다.)

진주어 가주어 구문 : 주어, 목적어절이 길어질 때 가주어 it을 사용하여 문장을 전환할 수 있다.
It is certain **that** he is innocent.
(그가 결백한 것은 확실하다.)

[출제 POINT] 부사절을 이끄는 접속사

부사절이란 문장에서 부사의 기능을 가지고 원인, 이유, 목적, 결과, 양보 등을 나타내는 절이다.

1. 시간표시 부사절

when ~할 때는, ~하면	while ~하는 동안, 한편
before ~하기 전에	after ~한 후에
as soon as ~하자마자	since ~한 이래로, ~때부터 줄곧
whenever ~할 때에는 언제나	once 일단 ~하면
till[until] ~할 때까지	as ~할 때에, ~하면서
the moment ~하자마자	as[so] long as ~하는 동안, ~하는 한
not A until B B하고서야비로소 A하다	not long before 곧, 머지않아

시간, 조건의 부사절에서는 현재가 미래를 대신한다.
I will wait for you until you **come** here. (O)
I will wait for you until you will come here. (X)
(당신이 여기 오실 때 까지 기다릴 것입니다.)

'A하자마자 B했다' 관련 구문

As soon as she saw me, she ran away.
(=She had **no sooner** seen me **than** she ran away.)
(=**No sooner** had she seen me **than** she ran away.)
(=She had **scarcely** seen me **before[when]** she ran away.)
(=She had **hardly** seen me **when[before]** she ran away.)
(그녀는 나를 보자마자 달아났다.)

2. 원인 표시 부사구

because; since; as; for: ~때문에
now that ~: ~이니까, 지금 ~해서
seeing (that) ~: ~이기 때문에, ~을 생각하면
on the ground that ~: ~라는 이유로

The LA.Lakers won the championship **because** they had the better players.
(LA.Lakers는 그들이 더 좋은 선수들을 가졌기 때문에 챔피언쉽에서 이겼다.)
Now that you are here, I can go shopping.
(당신이 여기 계시니까 나는 쇼핑할게요.)

It is no wonder that he got a bad grade, **seeing** he is a beginner.
(그가 아직 초보자란 것을 보면, 그가 나쁜 성적을 받은 것도 이상하지 않다.)
He is very rude **on the ground that** his grade is very good.
(그는 성적이 좋다는 이유로 매우 무례하다.)

3. 목적표시 부사절

- that
- so that
- in order that ┤ S may[can/will]~: ~하기 위하여
- lest S should~: ~하지 않도록, ~하지 않기 위해서
- for fear that~should: ~하지 않도록

I'll give him a key **so that** he can get in any time.
(그가 언제라도 들어갈 수 있도록 열쇠를 그에게 줄 것이다.)
He got up early **lest** he **should** miss the train.
(그는 기차를 놓치지 않으려고 일찍 일어났다.)
목적표시 부사구는 전형적으로 so that 구문 또는 in order that 구문으로 활용한다.

'~하기 위해서 ~하다' 관련 구문

He works hard **that** he **may** succeed.
=He works hard **so that** he **may** succeed.
=He works hard **in order that** he **may** succeed.
=He works hard **to** succeed.
=He works hard **so as to** succeed.
=He works hard **in order to** succeed.
(그는 성공하기 위해 열심히 일했다.)

4. 판단의 근거와 결과 표시 부사구

- so + 형용사 · 부사 + that~ ┐ 너무…해서 ~하다
  such + 명사 + that~   ┘
- since : ~때문에

He spoke **so** fast **that** we couldn't understand him.
(그의 말은 너무 빨라서 우리는 그를 이해할 수 없었다.)
Since he was late to work so often, the boss fired him.
(그가 너무 자주 일에 늦어서, 사장이 그를 해고했다.)

Simple Check 3

Type A 주어진 괄호 안에 알맞은 것을 고르시오.

1. James is (such / so) a tall player that he can score points easily.

2. Take an umbrella (so that / lest) it should rain.

Type B 잘못된 부분을 고치세요.

1. I am used to playing the piano and sing a song.

2. He is so a good teacher that every student respects him.

Chapter 12. 전치사와 접속사   147

STEP 2 Basic Practice

Fill in the blank with the most appropriate word and phrase.

1. A: Eric will come to the meeting?
   B: It doesn't matter _____ he will attend the meeting.
   (a) whether
   (b) unless
   (c) while
   (d) in case

2. A: What do you think of a good author ?
   B: Truly great authors are those whose message speaks not only to their contemporaries _____ generations.
   (a) but for succeeded
   (b) but to succeeded
   (c) but also for succeeding
   (d) but also to succeeding

3. A: Can I take a message for Mr. Big?
   B: Please have him call me _____ he comes back.
   (a) now that
   (b) as soon as
   (c) as long as
   (d) immediately

4. A: What is the difference between libel and slander?
   B: The difference between libel and slander is that libel is printed _____ slander is spoken.
   (a) considering
   (b) except
   (c) while
   (d) as long as

5. A: Dr. Demian knows you?
   B: Yes, the dentist knew me well, for I was always having trouble _____ my teeth.
   (a) with
   (b) for
   (c) of
   (d) on

6. A: Do you think Mr. Kim will visit our plant this week?
   B: _____ his tight schedule, Mr. Kim will not be able to visit the plant this week.
   (a) Because of
   (b) Since
   (c) As
   (d) No matter how

7. Please visit our homepage which is provided _____ the customer's convenience.
   (a) for
   (b) with
   (c) on
   (d) of

8. He attributes the current complacency about population control _____ a misreading of statistics.
   (a) for
   (b) to
   (c) about
   (d) over

9. _____ other members of the family, the domestic cat has retractable claws and a very supple body.
   (a) Like
   (b) Alike
   (c) As
   (d) From

10. There was almost a nuclear disaster _____.
    (a) in last year
    (b) last year
    (c) on last year
    (d) since last year

11. The craftsman labored on _____ his fatigued body and low spirit.
    (a) despite
    (b) because of
    (c) since
    (d) for

12. _____ a state to survive more than a fleeting historical moment, it must have the loyalty of its residents.
    (a) For
    (b) If
    (c) Of
    (d) In

Identify the grammatical error in the dialogue.

13. (a) A: I think I'll call Bettina's mother. It's almost five and Chrissy isn't home yet.
    (b) B: I thought Bettina had the chicken pox.
    (c) A: Oh, that's right. I forgot. Chrissy didn't go to Bettina's today. Where is she?
    (d) B: She's probably with Gary. He has piano lesson during five.

14. (a) A: Honey, this vacation is not turning into as I expected.
    (b) B: What do you mean?
    (c) A: You promised not to bring any work with you.
    (d) B: I know, but my boss gave me an assignment at the last minute.

Identify the ungrammatical sentence in the passage.

15. (a) Everyone has instincts, and listening to your inner voice is always a good idea. (b) But when you're making a decision, following your instincts is necessary but sufficient. (c) Learning how to use your instincts as a guide in decision making requires effort. (d) After all, no one's instincts are always correct.

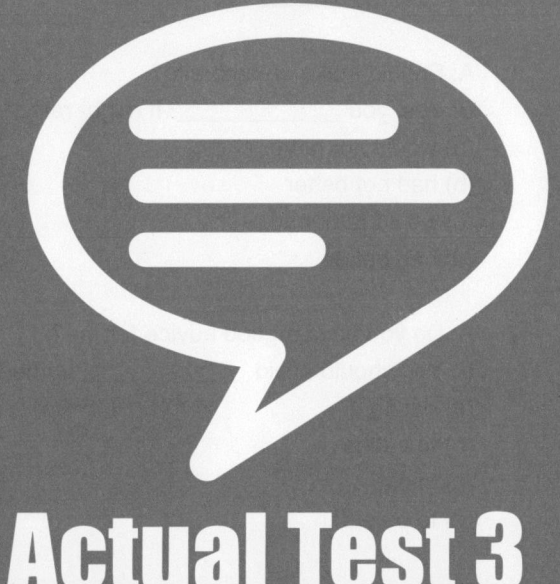

Actual Test 3

Actual Test 3

Fill in the blank with the most appropriate word and phrase.

1. A: Should I take an umbrella?
   B: Yes, you _____. It might rain.
   (a) would not rather
   (b) had not better
   (c) would rather not
   (d) had better

2. A: Do you have a good advice for me?
   B: You should avoid _____ immediately after exercising.
   (a) eating
   (b) to eating
   (c) to eat
   (d) to be eaten

3. A: That's _____ you're wearing, Emily.
   B: Thanks. I just got it on sale for half price.
   (a) the great shirt
   (b) a great shirt
   (c) the great shirts
   (d) great shirt

4. A: My wife's expecting a baby.
   B: _____ if she had a boy?
   (a) Would you be pleasing
   (b) Would it please you
   (c) Would you please
   (d) Will it please you

5. A: Bob's speech surprised me.
   B: Not me. _____ surprises me anymore.
   (a) Anything he says
   (b) He doesn't say anything
   (c) Nothing he says
   (d) He has said nothing to

6. A: _____ you like New Orleans?
   B: I really like it there.
   (a) Why don't
   (b) Why do
   (c) How did
   (d) What did

7. A: What did the paper say about the accident?
   B: There were no survivors in the crash and officials say there is still no indication of _____ caused the crash.
   (a) what
   (b) that
   (c) whatever
   (d) who

8. A: What's she like?
   B: She is a _____ student from Seoul.
   (a) young slim college
   (b) young college slim
   (c) slim college young
   (d) slim young college

9. A: I was chosen to plan the workshop next month.
   B: That's great. _____, I won't go there. I have to attend other meeting.
   (a) Speaking of what
   (b) Spoken of what
   (c) Speaking of which
   (d) Spoken of which

10. A: Weren't you supposed to pick up a pizza after work?
    B: I _____, but I didn't have time.
    (a) planned
    (b) planned to be
    (c) have planned to do
    (d) had planned to

11. The introduction of mass-production methods enable many people _____ and gave them an unprecedented amount of mobility.
    (a) to purchase their own automobiles
    (b) their own to purchase automobiles
    (c) to their own purchase automobiles
    (d) own their automobiles to purchase

12. If this is true, we _____ this bad habit as soon as possible.
    (a) would get rid
    (b) would get rid of
    (c) must get rid
    (d) must get rid of

13. If one man had to make an automobile out of raw materials with only hand tools, he would have difficulty _____ it in a lifetime.
    (a) to finish
    (b) in finishing
    (c) to be finished
    (d) in being finished

14. In order to learn how to swim, first of all, _____.
    (a) you need to enter the water
    (b) it is entering the water with necessity
    (c) the water must, as is necessary, be entered
    (d) necessarily you must be enter in the water

15. _____ automatically manufactured by the computer system in the chocolate factory.
    (a) The goods are
    (b) The good are
    (c) The good is
    (d) The goods is

16. Nobody knows the truth, because he kept the news _____,
    (a) by himself
    (b) to himself
    (c) for himself
    (d) himself

17. Peace and development are not so different as we may think them to be. They are two sides of the same coin; one cannot progress without _____.
    (a) another
    (b) other
    (c) others
    (d) the other

18. The ideals upon _____ American Society is based are primarily those of Europe and not ones derived from the native Indian culture.
    (a) that
    (b) which
    (c) what
    (d) who

19. He has lived in Vancouver for ten years but he can't _____ English.
    (a) speak already
    (b) speak still
    (c) still speak
    (d) already speak

20. Mary works very hard. But her pay is not _____.
    (a) good enough
    (b) good as enough
    (c) as good enough
    (d) as good as enough

Actual Test 3   155

Identify the grammatical error in the dialogue.

21. (a) A: So, what do you want to do today, Danny?
    (b) B: Let's go deep sea fishing.
    (c) A: We can't. The boat already left. Besides, we didn't make the reservation.
    (d) B: Ah, I really want to go fishing.

22. (a) A: May I see your license?
    (b) B: But... but why?
    (c) A: You were speeding, buddy. There's a 30 mile-an-hour speed limits. It's a residential section.
    (d) B: Really? I didn't see the sign.

23. (a) A: Is Brian coming to dinner tomorrow night?
    (b) B: I think so. But he just got out of the hospital a few days ago.
    (c) A: What's he feeling?
    (d) B: Much better, but he's still not completely back to normal.

Identify the ungrammatical sentence in the passage.

24. (a) The laws were made to protect law-abiding citizens, not those who defy the law. (b) A criminal loses the right of a citizen on committing a crime. (c) It is the duty of the police to get at the truth. (d) And they have a right to question an accused person as soon as they don't use force.

25. (a) Man cannot live on bread alone. (b) Man needs love to survive; (c) For his survival man needs someone to love and to be loved at the same time. (d) Life without love never can be a contented one.

Chapter 13

수사, 수일치, 비교급

Chapter 13 수사, 수일치, 비교급

STEP 1 출제 포인트

[출제 POINT] 수사

1. 수사의 종류

수사는 하나 둘 셋을 의미하는 기수와 첫째, 둘째, 셋째를 나타내는 서수로 나눠진다 특히 기수는 명사, 서수는 기본적으로 형용사가 되기 때문에 그러한 품사에서 파생된 문법적 문제들이 발생한다.

서수와 기수

> 형식 : **the** + 서수 + 명사 = 명사 + 기수
> 서수에는 정관사를 붙이며 기수에는 붙이지 않는다.
> 주의 : **every** + 기수 + 복수명사
> = **every** + 서수 + 단수명사 (~마다)

서수의 기수변형

the third lesson = lesson three 제3과
the Second World War = World War Two(II) 세계 제2차대전
the fifth volume = volume five 제5권
the fifteenth chapter = chapter fifteen 제15장
the second act = act two 제2막
every third line = every three lines 3줄마다

hundred, thousand, million, score, dozen의 용법

> two score(40), two hundred(200), two thousand(2,000) + 명사
> Hundreds[thousands, millions, scores, dozens] of pencils
> 수백[수천, 수백만, 수십]개의 연필

막연히 많은 수 : 복수형 + of + 복수명사

> thousands of people 수천의 사람들
> tens of thousands of people 수만의 사람들
> hundreds of thousands of people 수십만의 사람들
> millions of people 수백만의 사람들, 무수한 사람들
> tens[dozens, scores] of people 수십명의 사람들

2. 관용적 표현
구체적인 수 : 수사 + 단수형 + 복수명사

> in one's +복수 ~대에
> ten to one 십중팔구 by twos and threes 삼삼오오

He is **in his sixties**. (그는 60대이다.)

3. 배수
배수표현

반(1/2)	half
2배	twice, two times, double
3배	triple, three times, trice
4배, 5배...	four times, five times...

배수와 횟수를 모두 나타낼 수 있는 ~ times
This is **four times** larger than that. ⊙배수
(이것은 저것의 4배이다.)
I read a book **four times** a week. ⊙횟수
(나는 일주일에 4번 책을 읽는다.)

배수를 나타내는 비교표현

> half as ~ as ...
> twice as ~ as ...
> three times as ~ as ...
> =three times ~ than ...

He is **half as** old **as** I.
(나는 그보다 나이가 두 배 많다.)
You have **three times as** many books **as** I have.
(너는 내가 가진 책의 3배를 갖고 있다.)
This is **four times** larger **than** that.
(이것은 그것보다 4배나 더 크다.)

4. 수사의 이중명사화

'수사 + 단수명사 + 복수명사' 가 하이픈(-)으로 연결된 경우 이는 수사가 뒤의 명사를 수식하는 형용사의 기능을 하기에 앞의 두 명사는 복수형을 쓸 수 없다.

I am a **nine-year-old** boy. (O)
I am a nine-years-old boy. (X)
(나는 9세 소년이다.)

단, 서술적 용법으로 사용될 때 복수형을 취한다.
He is the **seven-foot-tall** player. ◎ 한정적 용법
(그는 7피트의 신장을 가진 선수였다.)
The players are **seven feet tall**. ◎ 서술적 용법
(선수들은 7피트의 신장을 가졌다.)

5. 기타 서수 기수의 활용

분수에서 분모는 서수를 쓰고, 분자가 복수일 경우에는 분모에 -s가 붙음.
3/4 = three quarters, three-fourths
2 1/2 = two and a half

세기는 서수로 표시함.
the nineteenth century (O) 19세기
the nineteen century (X)

철자에 유의해야 할 서수사
five - fifth   eight - eighth   nine - ninth
twelve - twelfth   twenty - twentieth

11: 35 a.m.= eleven thirty-five a.m.
21℃ = twenty-one degrees centigrade

[출제 POINT] 수량표현 명사의 수의 일치

1. Every[Each] + 단수명사 ◐ 단수
   Every[Each] A and B ◐ 단수

Every boy likes it.
(모든 소년은 이것을 좋아한다.)
Every boy and girl likes it.
(모든 소년과 소녀는 이것을 좋아한다.)
Each student has a different problem.
(학생들은 제각기 다른 문제를 가지고 있다.)

2. All : 수의 개념은 복수, 양의 개념은 단수취급

Not **all** men are wise. ◐ 수의 개념 : 복수
(모든 사람이 현명한 것은 아니다.)
This is **all** the money I have. ◐ 양의 개념 : 단수
(내가 가진 돈은 이것뿐이다.)

3. A number of + 복수동사 ◐ '많은' 의뜻
   The number of + 단수동사 ◐ '~의수' 의뜻

A number of students in the class speak English very well.
(그 반의 많은 학생들이 영어를 잘 한다.)
The number of students in the class is thirty.
(그 반의 학생들의 숫자는 30명이다.)

4. 부분전치사 of의 수의 일치(A of B 의 구조)

half(most, some...) of + 명사	of 뒤의 명사에 수 일치
One of + 복수명사	단수로 받음(주어 : one)

Most of the furniture is made of wood.
(가구 대부분은 나무로 만들어졌다.)
Three-fourths of the apples were rotten.
(사과의 4분의 3이 썩었다.)

5. many + 복수명사 : 복수취급
　　many a + 단수명사 : 단수동사

Many people in this world die of cancel.
(세상의 많은 사람들이 암으로 죽는다.)
Many a man has failed.
(많은 사람들이 실패한다.)

6. No + 단수명사 : 단수취급
　　No + 복수명사 : 복수취급

No man is without his faults. ○단수
(결점이 없는 사람은 없다.)
There **are no clouds** in the sky. ○복수
(하늘에 구름 한 점 없다.)

7. 통합단위

시간, 거리, 무게, 가격 등의 복수명사가 하나의 단위를 나타내는 경우 단수 취급한다.
Ten years is a long time to live by myself.
(10년은 혼자 살기에는 긴 시간이다.)
시간의 복수명사가 시간의 경과를 나타내는 완료시제의 경우 복수 취급을 한다.
Twelve years have passed since he settled in here.
(그가 여기에 정착한지 12년이 지났다.)
A year and a half has passed since he settled in here.
A year and a half를 하나의 단위로 간주해 단수 취급한다.

8. 병명, 학문명, 국가명, 서적, 신문명은 단수명사이다.

Politics is not easy to learn. ◎학문명
(정치학은 배우기에 쉽지 않다.)

The Unites States of America is a strong country. ◎국가명
(미국은 강한 국가이다.)

His diabetes is very serious. ◎병명
(그의 당뇨병은 매우 심각하다.)

cf. Statistics show that recession will be over soon.
(통계는 곧 경제침체가 끝날 것이라는 것을 보여준다.)

Simple Check 1

Type A 주어진 괄호 안에 알맞은 것을 고르시오.

1. I have seen the movie (a dozen of time / dozens of times) because the piece was so touching.

2. There are two basic (type / types) of glaciers.

Type B 잘못된 부분을 고치세요.

1. Riding in a car is more thirty times dangerous than flying.

2. They have to get to second gate quickly before the plane leaves.

[출제 POINT] 특수한 라틴계 비교

라틴계 어원에서 유래한 어휘로, than을 쓰지 않고 to를 쓴다는데 유의해야 한다. 끝은 주로 -or 로 끝난다

superior to ~보다 우수한	**prior to** ~보다 앞선
inferior to ~보다 못한	**senior to** ~보다 손위의
anterior to ~보다 이전에	**junior to** ~보다 아래인, 하급의
posterior to ~보다 후에	**prefer A to B** B보다 A를 더 좋아하다

This bag is **superior to** that.
(이 가방이 저 가방보다 우수하다.)

She is **senior to** me by two years.
(그녀는 나보다 두 살 많다.)

I much **prefer** playing in the open air **to** reading indoors.
(나는 집안에서 독서하는 것보다 밖에서 노는 것을 훨씬 좋아한다.)

◎ prefer A to B에서 A와 B자리에 to부정사를 쓰고 할 경우 rather than을 쓴다.

I much **prefer** to play in the open air **rather than** (to) read indoors.

[출제 POINT] the + 비교급

- the + 비교급 ~, the + 비교급 ...
  : ~하면 할수록 그만큼 더 ...하다
- (all)the + 비교급 + because, as, for + 명사
  : ~하기 때문에 더욱 ...하다
- 주어 + 동사 + the + 비교급 + of the two(명사)
  주어 + 동사 + the + 비교급 + A and B
  : 둘 중에서 더 ~하다

The more you have, **the more** you want.
(더 많이 가지면 가질수록 더 많이 원하게 된다.)

The more I hear, **the more** bored I become.
(더 들으면 들을수록, 더 지겨워진다.)

I dislike him **all the better for** his selfishness.
(나는 그의 이기심 때문에 더욱 그를 싫어한다.)

She is **the younger of the two**.
(둘 중에서 그녀가 더 어리다.)

[출제 POINT] 배수표현

배수표현은 일반적으로 원급비교 앞에 배수사(once, twice...)를 붙여서 쓰지만, 비교급 비교 앞에 붙여서 표현하기도 한다. 원급비교를 사용하는 것이 일반적이다.

- 원급 사용 : A + 배수사 + as 원급 as B
- 비교급 사용 : A + 배수사 + more[-er] than B

He has **three times as books as** I have.
(그는 나보다 세배의 책을 가지고 있다.)

This river is **twice longer than** that one.
(이 강은 그 강보다 두배나 길다.)

◎ 이밖에도 명사구조인 A + the + 명사 + of 의 형태를 이용할 수 있다.

This river is **twice the length of** that one.
주로 크기, 숫자, 양, 무게, 높이, 폭 등의 비교표현에 자주 쓴다.

This street is **half as broad as** that one.
= This street is **half the breadth of** that one.
(이 길의 폭은 저 길의 폭의 절반이다.)

Simple Check 2

Type A 주어진 괄호 안에 알맞은 것을 고르시오.

1. This is superior in quality (than / to) that.

2. He is none (the / much) happier for his wealth.

Type B 잘못된 부분을 고치세요.

1. Her apartment is as twice large as mine.

2. She is senior than me by four years.

STEP 2 Basic Practice

Fill in the blank with the most appropriate word and phrase.

1. A: Where does John work?
   B: _____
   (a) Still he works here.
   (b) He still works here.
   (c) He works still here.
   (d) He works here still.

2. A: Sam doesn't earn very much money.
   B: I wonder _____ to buy all those expensive clothes.
   (a) how does he manage
   (b) he manages
   (c) does he manage
   (d) how he manages

3. A: Do you know the man in the sunglasses over there?
   B: Yeah, he is a rock singer. He is _____ by every teenager in Korea.
   (a) famous to be known enough
   (b) famous be known to enough
   (c) famous enough to be known
   (d) enough famous be known

4. A: As of today, it's been exactly six months since I quit smoking.
   B: I'm proud of you. Every year millions of people try to quit smoking, _____ three percent do.
   (a) only but about
   (b) and only
   (c) but only about
   (d) since only

5. A: I feel like getting something to eat. Do you want to join us?
   B: Great. I _____ I am hungry too.
   (a) want to
   (b) want that
   (c) want
   (d) want it

6. A: Did you ever see any channel?
   B: Yes, I've been to _____ Channel.
   (a) the English
   (b) English
   (c) an English
   (d) England

7. In Miami, _____ of the population speak a language other than English at home.
   (a) three fourth
   (b) a three-fourths
   (c) three fourths
   (d) threes fourth

8. You read 3 x 5 = 15 as three _____ fifteen.
   (a) times five is
   (b) five equal
   (c) multiplied by five equal
   (d) and fives are

9. The Danish flag design is more than seven _____ old.
   (a) hundred year
   (b) hundreds year
   (c) hundreds years
   (d) hundred years

10. The employer wanted the job _____ quickly without mistakes.
    (a) is done
    (b) to done
    (c) to be done
    (d) was done

11. Indoor heating systems have made _____ for people to live and work in the temperate climate zones.
    (a) is possible
    (b) possible it
    (c) possibly
    (d) it possible

12. In 1896, the Olympic Games were reinstated in Greece _____ for more than 1500 years.
    (a) since they had not held
    (b) after not having been held
    (c) since they were held
    (d) after having help

Identify the grammatical error in the dialogue.

13. (a) A: What is the role of the teacher?
    (b) B: Initial, the teacher is the director of all student behavior.
    (c) A: What are some characteristics of the teaching & learning process?
    (d) B: The first phase of a lesson is one of modeling. The instructor issues commands to a few students, then performs the action with them. In the second phase, these same students demonstrate that they can understand the commands by performing them along.

14. (a) A: Here's the company president's monthly message for the newsletter.
    (b) B: Thank you. Do you have a minute to help me?
    (c) A: I'd be happy to, but I've ever worked on a newsletter.
    (d) B: Don't worry about that. I just need another opinion about the placement of the photographs.

Identify the ungrammatical sentence in the passage.

15. (a) It is surprising how many times our feelings of despair and anger can be cased if we act instead of just thinking over problems. (b) Play and work are healthy actions, relieving the tensions producing by our emotional upsets. (c) Play is physically restful and relieves tensions as we share our emotions with others. (d) Work, too, is an effective means of working off anger and using overflowing energy.

Chapter 14
특수구문

Chapter 14 특수구문

STEP 1 출제 포인트

[출제 POINT] It is about(high/good) time(that) +가정법 과거시제 구문

● It is about time 다음에 가정법 과거시제 형식이 오면 당위성을 나타낼 수 있다.
be동사일 경우 여느 가정법과 마찬가지로 were를 쓴다는데 유의하자.
It is (about) time we **studied** more and more. (O)
It is (about) time we study more and more. (X)
(이제 더욱 더 열심히 공부해야 할 때이다.)
It is about time we **were** together.
(우리가 함께 있어야 할 때이다.)

● that절이나 to부정사가 이를 대용할 수 있다.
It is (about) time you (that) **should go** to school.
It is (about) time for you **to go** to school.
(너는 학교에 갈 시간이다.)

[출제 POINT] 도치구문

1. 의문문

간접의문문에서는 도치가 일어나지 않는다.
I don't know **what he meant**. (O)
I don't know what did he mean. (X)
(나는 그가 의미하는 것을 모르겠다.)

2. 특정의 어구가 앞에 나와서 도치가 일어나는 경우

● 부정어구
Seldom is he in a bad mood.
(그는 기분이 전혀 나쁘지 않다.)

● 부사구
Until dawn he tried to go out.
(새벽까지 그는 빠져 나오려고 애썼다.)
On the hill stands a great building.
(언덕 위에 그 거대한 빌딩이 서 있다.)

● 보어
So widespread was that information that anybody knew it.
(그 정보가 널리 펼쳐져 있어서 누구나 그것을 알았다.)

3. 접속사 if의 생략에 의한 도치(가정법)

: if가 생략되면 동사 + 주어의 어순

If you were with me, I would be happy.
= **Were you** with me, I would be happy.
(만일 당신이 함께 있다면, 나는 행복할 텐데.)

[출제 POINT] It ~ that 강조구문

문장에서 강조하고자 하는 부분을 주절에 위치시켜 그 의미를 강조시킨다.

I broke the window yesterday.
(나는 어제 그 창문을 깼다.)
It was I that broke the window yesterday. ◦주어의 강조
◦ 주어가 강조될 때 that절은 동사로 시작한다.
It was the window that I broke yesterday. ◦목적어의 강조
◦ 목적어가 앞으로 나왔기에 that절에 목적어를 받는 대명사를 중복시킬 수 없다.
It was yesterday that I broke the window. ◦부사의 강조
특히 부사의 강조에서는 that 뒤에 완전한 문장이 온다는 것에 주의한다.

[출제 POINT] 양보구문

1. 일반접속사에 의한 양보 구문

though	although	whether

Though he was rich , he was unhappy.
(그는 부자였지만, 그는 불행했다.)
Whether it is true or not, I will believe it.
(그것이 사실이든 아니든, 나는 그것을 믿을 것이다.)

2. 특수 접속사 as , what(how)ever 에 의한 양보구문

- 동사원형 + as + S + may[will],
  ⇒ However + 형용사[부사] + S + may V
- 동사원형 + what[where...] + S + may
  ⇒ Whatever[wherever...] + S + may V~
- 동사원형 + S + ever + 형용사, S + V~
  ⇒ However + 형용사[부사]주어 + may V

Say what you will, I won't believe you.
= Whatever you may say, I won't believe you.
(네가 뭐라고 말한다 해도 나는 믿지 않을 것이다.)

Try hard as I may, you will not love me.
= However hard I may try, you will not love me. ◎ 어순 주의
(아무리 열심히 내가 노력한다 해도, 너는 나를 사랑하지 않을 것이다.)

Be it ever so humble, there is no place like home. (아무리 초라하다 할지라도, 집만한 곳은 없다.)
Be it true or not, it doesn't matter. (사실이든 아니든, 그것은 중요하지 않다.)

3. 전치사에 의한 양보

In spite of richness, he was unhappy.
(부유했음에도 불구하고 그는 불행했다.)

Simple Check

Type A 주어진 괄호 안에 알맞은 것을 고르시오.

1. Not until a monkey is several years old (does it begin / it begins) to exhibit signs of independence from its mother.

2. Only the very brave or the very ignorant can say exactly (what it is that / that what it is) advertising does in the market place.

Type B 잘못된 부분을 고치세요.

1. Hardly they had reached shelter when the storm broke.

2. I don't know where comes he from.

STEP 2 Basic Practice

Fill in the blank with the most appropriate word and phrase.

1. A: If there were life on Mars, _____ similar to life on Earth?
   B: I don't know. Maybe it would.
   (a) would it be
   (b) it would be
   (c) it should
   (d) should it

2. A: I just finish _____ my thesis, and I'm dog-tired.
   B: You should get some rest.
   (a) worked
   (b) working
   (c) to work
   (d) work

3. A: Do you mind _____ the kids while I go to the store?
   B: Of course not. I'll play with them.
   (a) watch
   (b) to watch
   (c) watching
   (d) to watching

4. A: Where did you get that information?
   B: _____ article in the paper.
   (a) At an
   (b) From an
   (c) For the
   (d) At the

5. A: _____ you be using your bicycle this evening?
   B: No, you can take it.
   (a) Should
   (b) Can
   (c) Will
   (d) May

Chapter 14. 특수구문 173

6. A: Why are you calling in the early morning?
   B: The reason _____ I'm calling you is to invite you to a party.
   (a) that
   (b) what
   (c) who
   (d) for which

7. After watching the boxing film, _____.
   (a) the book was read by him
   (b) the book made him want to read it
   (c) he wanted to read the book
   (d) the reading of the book interested him

8. In some states after the foreclosure of the mortgage and the sale of the property there is still a period of redemption of _____ sixty days to six years.
   (a) to
   (b) for
   (c) on
   (d) from

9. Please leave a word _____ my secretary, if you know news.
   (a) for
   (b) to
   (c) in
   (d) with

10. _____ this was the self-destruction button, I'd not have pressed it.
    (a) Have I known
    (b) I have known
    (c) I had known
    (d) Had I known

11. They live in constant fear _____ the storm that threatens every moment should break upon them with dreadful violence.
    (a) while
    (b) if
    (c) lest
    (d) for

12. During an eclipse of the Sun, _____ in the shadow of the moon.
    (a) the Earth lies
    (b) the Earth lying
    (c) that the Earth lies
    (d) the lying Earth

Identify the grammatical error in the dialogue.

13. (a) A: Why didn't you tell him you couldn't do it? At least you could have told him that you'd do it after you get back.
    (b) B: I didn't think about that.
    (c) A: Well, you should have. What am I supposed to do while you're working – walk on the beach for myself?
    (d) B: I'm sorry, honey, but I really need to finish this.

Identify the ungrammatical sentence in the passage.

14. (a) Most of us buy our food from supermarkets. (b) In fact, many of us don't get even as far as the supermarket but make our choices at the click of a mouse. (c) We have abandoned our relationship with the food we eat and with the people who produce our food. (d) Is it any wonder that our children don't know where food comes from?

15. (a) Actors have little time to rehearse, and often the pieces of a show are put together for the first time in front of the camera. (b) Lighting, sound reproduction, and editing is workmanlike, but unpolished; (c) A shadow from an overhead microphone on an actor's face causes no real concern in the control room. (d) A blown line or a muffed cue is "just one of those things that happen."

Chapter 15

명령문과 의문문

Chapter 15 명령문과 의문문

STEP 1 출제 포인트

[출제 POINT] 명령문

1. 기본형식
 - 동사원형 사용(주어는 필요시 앞에 추가)
 - 부가의문문 ⇒ will you?
 - 부정명령문 : don't, never를 동사원형 앞에 붙임.
 - 강조 : do + 동사원형

2. 직접 명령
Come again tomorrow, will you? (내일 다시 오세요, 아셨죠?)
Don't cancel the promise. (약속을 취소하지마.)
Never say that again. (다시는 그것을 말하지마.)
Do tell me. (제발 말해주세요.)

- let (사역동사) + O(목적어) + 동사원형~
- 부가의문문 ⇒ shall we(you)?
- 부정: let + O(목적어) not + 동사원형
   don't let + O(목적어) + 동사원형
- 강조: do let + O(목적어) + 동사원형

3. 간접 명령 (제안 / 권유)
위의 동사원형은 '원형부정사'를 말한다. ◎ 부정사 참조
Let me hear your song, shall you? (당신의 노래를 들려주세요, 그럴 수 있나요?)
Let me not go there. (제가 그곳에 가지 않게 해주세요.)
Don't let her talk like that. (그녀가 그렇게 말하지 않게 해주세요.)

- 명령문~, (and) S + V: ~하라, 그러면~할 것이다
   (=If S + V~)
- 명령문~, (or) S + V~: ~하라, 그렇지 않으면 ~할 것이다
   (=If S not V~ = Unless S + V)

Do let me love her. (제가 그녀를 사랑하게 해주세요.)

4. 조건명령 (명령문을 활용한 관용적 표현)

문장의 의미를 보고 접속사 and와 or을 선택하는 문제가 출제된다.

Work hard, **and** you will succeed.
(=If you work hard, you will succeed.)
(=With hard work, you will succeed.)
(열심히 공부해라, 그러면 성공할 것이다.)

Work hard, **or** you will fail.
(=Unless you work hard, you will fail.)
(=If you do not work hard, you will fail.)
(열심히 공부해라, 그렇지 않으면 실패 할 것이다.)

[출제 POINT] 부가의문문

1. This (that) is~ → isn't it?
   These (those) are~ → aren't they?
   There is~ → isn't there?
   There is a book on the desk, **isn't there**?
   (책상 위에 책 한 권이 있어, 거기 있지?)

2. have 동사에서의 취급상의 차이

   - have + 목적어, have to + 동사원형 : 일반동사 취급
     You have to work hard, **don't you**?
     (너는 열심히 일해야 한다, 그렇지 않니?)

   - have + p.p., had + p.p., had better + 동사원형 : 조동사 취급
     You had better go now, **hadn't you**?
     (너는 지금 가는 것이 낫겠다, 그렇지 않니?)

3. 명령문의 부가 의문문

   - Let's로 시작하는 문장 : shall we?
     Let's get up together, **shall we**?

   - 일반 동사로 시작하는 명령문 : will you?
     Close the door, **will you**?

cf. Don't close the door, **will you**?

● 권유일 때 : won't you?
Have another cup of coffee, **won't you**?

4. 기타

① 등위접속사로 이어진 문장은 등위 접속사 뒤의 주어와 동사에 일치시킨다.
You are not brave, but your sister is brave, **isn't she**?
(당신은 용감하지 않지만, 당신의 여동생은 용감합니다. 그렇지 않나요?)

② 종속접속사로 이어진 문장은 주절의 주어와 동사에 일치시킨다.
We arrived there after the sun had set, **didn't we**?
(우리는 태양이 떠오른 후에 그곳에 도착했습니다. 우리가 그랬지 않았나요?)

③ suppose, think 등의 의견을 표명하는 동사가 that절과 함께 쓰인 경우에는 that절의 주어와 동사에 부가 의문문을 일치시킨다.
I don't think that he is honest, **is he**?
(나는 그가 정직하다고 생각하지 않아요. 그가 정직한가요?)

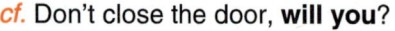

Simple Check

Type A 주어진 괄호 안에 알맞은 것을 고르시오.

1. Learn to save now, (and / otherwise) you may want in old age.
2. Let me see the photographs you took yesterday , (let me / will you)?

Type B 잘못된 부분을 고치세요.

1. Turn off the TV, don't you ?
2. You'd better wait here, won't you ?

STEP 2 Basic Practice

Fill in the blank with the most appropriate word and phrase.

1. A: How can you do that work quickly and orderly ?
   B: I was barely ten years old _____ my dad gave me the responsibility of feeding the turkeys and cleaning out the barns.
   (a) as long as
   (b) when
   (c) so that
   (d) now that

2. A: What is your hobby?
   B: I like to shop at stores _____ I can find products from different countries.
   (a) when
   (b) where
   (c) that
   (d) whatever

3. A: Is this table big enough, sir?
   B: No. I need one that will seat _____.
   (a) more several people
   (b) people several more
   (c) more people several
   (d) several more people

4. A: Why do editors permit _____ informal language in their newspapers?
   B: I also want to know the reason.
   (a) too much
   (b) such
   (c) too
   (d) so

5. A: Do you have a plan tomorrow?
   B: _____, I will go on a picnic tomorrow.
   (a) Being permitted
   (b) It permitted
   (c) Weather permitted
   (d) Weather permitting

6. A: Oops!! I made a mistake.
   B: Take care _____ you should make a mistake of this kind again.
   (a) now that
   (b) lest
   (c) if not
   (d) what

7. The man is alleged _____ the store of $3,000 in cash yesterday.
   (a) to rob
   (b) to have robbed
   (c) robbing
   (d) having robbed

8. _____ in NBC were opposed to the new media law.
   (a) A great deal of workers
   (b) A great number of workers
   (c) A great number of worker
   (d) A great deal of worker

9. There is _____ but has some faults.
   (a) no one
   (b) the one
   (c) anybody
   (d) everyone

10. It was raining in the mountains, _____ made the fresh green of the leaves all the more graceful.
    (a) that
    (b) which
    (c) what
    (d) who

11. John hasn't done much paper work _____ but Lisa has already finished.
    (a) nearly
    (b) hardly
    (c) yet
    (d) still

12. Germans don't want _____ because they are afraid of losing their own freedom.
    (a) too central strong government
    (b) too strong central government
    (c) too a strong central government
    (d) too strong a central government

Identify the grammatical error in the dialogue.

13. (a) A: It's erasing my files! Quick, we've got to do something before I lose everything!
    (b) B: Well, maybe it's best to leave this to an expert.
    (c) A: Do you know anyone who are good with computers?
    (d) B: Why don't we ask Jason?

Identify the ungrammatical sentence in the passage.

14. (a) Because of indifference to and destruction of their natural habitats, some wild plants confront an uncertain future. (b) Giving this situation, these people have striven to conserve the wild plants growing in Korea. (c) They have taught the public to value plant species and launched efforts to preserve wild plants for generations to come. (d) Thanks to their efforts, more Koreans now understand the full value of their precious wild plants.

15. (a) Following your instincts could lead you to make impulsive decisions that you may regret later. (b) The key is to learn how to use your instincts to support, not dictate, your decisions. (c) Use your experience to analyze the situation. (d) Your past experience gives you the basis for judging whether your instincts can trusted.

Chapter 16

화법전환

Chapter 16 화법전환

STEP 1 출제 포인트

[출제 POINT] 화법전환 기본원칙

전달동사의 변화	연결접속사
say → say	that
say to → tell	

1. 직접화법의 전달동사 say는 그대로, say to는 tell로 전환한다.

He said to me, "She gave me these pencils."
⇒ He told me that she had given him those pencils.
(그가 나에게 그녀가 그에게 그 연필들을 주었다고 말했다.)

◎ 주의: 전달동사가 say to일 경우 tell로 전환

2. 대명사의 일치

주절과 종속절의 인칭 및 지시대명사를 일치시킨다. (대명사의 일치)

3. 시제의 일치

주절과 종속절의 시제변화를 시킨다. 주절이 현재나 미래면, 종속절의 시제는 직접화법의 시제와 동일하나 주절이 과거일 경우는 하나 앞선 시제를 쓴다.

She said, "I met him yesterday."
⇒ She said that she had met him the day before.
(그녀는 그를 그 전 날 만났다고 했다.)

◎ 주의: 주절이 과거, 종속절이 과거일 경우 간접화법의 종속절은 과거완료

4. 지시대명사 및 부사구의 변화

직접화법	간접화법	직접화법	간접화법
this (these)	that (those)	ago	before
here	there	today	that day
now	then	tomorrow	the following (next) day
last night	the night before	last month	the before month

the night before = the previous night
the before month = the previous month

He said, "My friend will come here tomorrow."
⇒ He said that his friend would go there the next day.
(그는 그의 친구가 다음날 거기에 갈 것이라고 말했다.)

◎ 주의: here → there 전환으로 come → go 전환

[출제 POINT] 의문문의 화법전환

의문문의 종류	전달동사	연결접속사
의문사가 없는 의문문	ask, inquire 등	if나 whether
의문사가 있는 의문문		의문사가 접속사

He said to me, "What are you doing?"
⇒ He asked me what I was doing.
(그는 내게 무엇을 하고 있는지를 물었다.)

◎ 주의: 간접화법의 '의문사 + 주어 + 동사'의 어순에 주의한다.

He said to me, "Do you have a good time?"
⇒ He asked me if(whether) I had a good time.
(그는 내가 즐거운 시간을 보냈는지 물었다.)

He said to her, "Who loved you?"
⇒ He asked her who had loved her.
(그는 그녀에게 누가 그녀를 사랑했었는지를 물었다.)

[출제 POINT] 명령문의 화법전환

My father said to me, "Don't smoke."
⇒ My father told me not to smoke.
(아버지가 나에게 담배를 피우지 말라고 하셨다.)

I said to him, "Will you lend me your car?"
⇒ I asked him to lend me his car.
(나는 그에게 차를 빌려달라고 부탁했다.)

주의할 경우
He said to us, "Let's go out to eat."
⇒ He suggested to us that we should go out to eat.
(그는 우리에게 외식을 하러 가자고 제안했다.)

부정사의 형태가 아닌 that + 주어 + (should) + 동사원형 형태로 화법을 전환시킨다.

He said, "Let me do it." ⊙ let us의 형태가 아닌 경우
⇒ He offered to do it.
(그는 이것을 하겠다고 했다.)

[출제 POINT] 기타 문장의 화법전환

1. 감탄문 : 전달동사 exclaim, shout, cry(out)

He said, "What a beautiful woman she is!"
⇒ He exclaimed what a beautiful woman she was.
(그는 그녀가 얼마나 아름다운 여성인가 하고 감탄했다.)

He said, "How happy I am!"
⇒ He cried that he was very happy.
(그는 매우 행복하다고 외쳤다.)

2. 기원문 : 전달동사 pray, express one's wish 등 (기원을 나타내는 조동사 might 사용)

He said, "God bless me!"
⇒ He prayed that God might bless him.
(그는 자기가 축복 받기를 빌었다.)

He said to me, "May you always be happy and healthy!"
⇒ He expressed his wish that I might always be happy and healthy.
(그는 내가 항상 행복하고 건강하기를 희망했다.)

3. 중문 : 등위접속사 and, but + that (처음의 접속사 that 등은 생략이 가능하다.)

He said, "Tom is my friend, and I like him."
⇒ He said (that) Tom was his friend, and that he liked Tom.
(탐은 그의 친구이고 그는 그를 좋아한다고 말했다.)

She said, "It is fine, but I will not take a walk."
⇒ She said (that) it was fine, but that she would not take a walk.
(그녀는 날씨는 좋았지만 산책하지 않겠다고 말했다.)

4. 복문 : 종속접속사를 그대로 사용한다.

He said, "Let's do this work until she comes."
⇒ He suggested that we should do that work until she came.
(그는 그녀가 올 때까지 그 일을 하자고 제안했다.)

5. 혼합문 : 대체로 중문과 비슷한 형식이다.

She said to me, "Work hard, or you will get fired."
⇒ She told me that unless I worked hard I would get fired.
(그녀는 내가 열심히 일하지 않으면 해고될 것이라고 말했다.)

Simple Check

Type A 주어진 괄호 안에 알맞은 것을 고르시오.

1. She said, "What a pretty doll it is !"
   ⇒ She said what a pretty doll it (is, was).

2. He said to me, "Let's play tennis."
   ⇒ He suggested to me that (we should, I should) play tennis.

STEP 2 Basic Practice

Fill in the blank with the most appropriate word and phrase.

1. A: What do you say to going out for a walk?
   B: _____.
   (a) You are quite welcome
   (b) A good idea
   (c) That'll do
   (d) It's a pity

2. A: What's wrong _____ you?
   B: Oh, no! It's already 4:00. We're going to be late.
   (a) at
   (b) by
   (c) about
   (d) with

3. A: What's he like?
   B: He is _____ called a book worm.
   (a) what is
   (b) that is
   (c) who is
   (d) whoever is

4. A: Do you have a telephone here?
   B: Yes, but it's _____ right now.
   (a) using
   (b) in using
   (c) in use
   (d) with use

5. A: I want to see that dress in the window.
   B: Cotton one? That's a very nice choice. _____ .
   (a) Here you are
   (b) There it is
   (c) Cook at it
   (d) Here it comes

6. A: Do you think it'll fit me?
   B: _____
   (a) May I try it on?
   (b) Here it is.
   (c) It's made for you.
   (d) Yes, I am.

7. A: Did you _____ last night?
   B: Yes, I went to the movies. But I didn't enjoy it.
   (a) go out
   (b) go out in
   (c) go to
   (d) go to in

8. A: I congratulate you on your success.
   B: Thanks a lot. I owe what I am _____ my father.
   (a) at
   (b) with
   (c) to
   (d) for

9. A: Why does a newspaper have so many advertisements?
   B: A newspaper _____ without advertisements.
   (a) cannot pay its way
   (b) can pay its way
   (c) cannot pay their way
   (d) can pay their way

10. A: Are you a vegetarian?
    B: Not _____. I eat fish burgers. Do you like burgers, too?
    (a) quite
    (b) few
    (c) much
    (d) too

11. A: How does your stove work?
    B: This button is _____ turns it on.
    (a) what
    (b) which
    (c) that
    (d) now

12. A: Can you do us a favor?
    B: _____.
    (a) Yes, I don't mind. I'll be glad to help you
    (b) Oh, excuse me, please. I am very busy
    (c) Yes, thank you. I'll be glad to help you
    (d) Of course not, it depends on what it is

13. A: How do you like your coffee?
    B: _____.
    (a) I would like it well-done.
    (b) I like it medium done.
    (c) I like my coffee black.
    (d) I drink a cup of coffee.

14. A: Do you think Mom will be late?
    B: No, Air France is always on time. _____. There will be on announcement if they're going to be late.
    (a) Don't worry
    (b) Sure enough
    (c) Go ahead
    (d) Indeed not

15. A: Aren't you feeling well?
    B: _____.
    (a) No, I have a headache.
    (b) No, I am aching in the head.
    (c) Yes, I have a headache.
    (d) Yes, I've not. I've a headache.

Actual Test 4

Actual Test 4

Fill in the blank with the most appropriate word and phrase.

1. A: Did you go out last night?
   B: No, I had _____.
   (a) too much homework
   (b) a lot of homeworks
   (c) many homeworks
   (d) a homework

2. A: I've been waiting for you all evening!
   B: I'm so sorry _____ a note or something.
   (a) not be left
   (b) not be leaving
   (c) not to have left
   (d) not to leave

3. A: Why did you choose a local college?
   B: _____ I want to save money by living at home.
   (a) Because
   (b) Although
   (c) Because of
   (d) What

4. A: What did you do _____ the weekend?
   B: Oh, I started reading a really good book.
   (a) over
   (b) from
   (c) for
   (d) on

5. A: It's too hot. I don't want to go fishing today.
   B: _____ I.
   (a) Neither am
   (b) Either am
   (c) Either do
   (d) Neither do

6. A: Is this the first time you've driven a car?
   B: Yes, I _____ a car before.
   (a) have never driven
   (b) have driven
   (c) have never been driven
   (d) have not driven

7. A: Are you smart _____ to beat the computer in this new video game?
   B: Sure. If you want it, I can try.
   (a) too
   (b) so
   (c) enough
   (d) very

8. A: How far must we walk?
   B: We should go _____ the bridge.
   (a) as far to
   (b) so far
   (c) too far as
   (d) as far as

9. A: Women should stay at home.
   B: (B does not agree) _____.
   (a) That is true
   (b) I couldn't agree with you more
   (c) I'm afraid I don't agree with you
   (d) I think so

10. A: Can I cash my traveler's check?
    B: Yes, of course. _____?
    (a) That do you want this
    (b) What do you want this for
    (c) Would you give me charges
    (d) Can I have a look at it

11. Each applicant was asked to bring his _____.
    (a) every belongings
    (b) own belongings
    (c) all belonging
    (d) each belonging

12. Here are two ties. This one is more expensive than the other. Which one will you take? I'll take the more expensive _____ .
    (a) one among them
    (b) tie of them
    (c) of the two
    (d) ones

13. Later he went to New Zealand, _____ I understand he did all sorts of jobs.
    (a) where
    (b) which
    (c) what
    (d) that

14. The University of North Carolina, _____ in 1871, was the first state supported land-grant University in the South.
    (a) to be established
    (b) being established
    (c) was established
    (d) established

15. In the movie, a teenager _____ to pursue a singing career meets resistance from his strong-willed father.
    (a) wanted
    (b) wanting
    (c) wants
    (d) who want

16. _____ providing a framework for peace in the Middle East, the new agreement calls on Israel to hand over much of the land it seized in the 1967 war.
    (a) In addition to
    (b) In contrast to
    (c) Regardless of
    (d) Without

17. The purpose of this survey is _____ the residents know about the budget of their local government.
    (a) finding out how much of
    (b) how much to find out
    (c) to find how to discover
    (d) to find out how much

18. She could hardly have won the prize, _____ the novel she wrote snot shown extraordinariness among the contemporaries.
    (a) for
    (b) had
    (c) while
    (d) if

19. He must have shown us _____ of the story since I can't even guess what kind of story it is.
    (a) only a small part
    (b) a small part only
    (c) only a part small
    (d) a small only part

20. Two copies of his novel _____ in his entire lifetime.
    (a) have been sold
    (b) had been sold
    (c) have sold
    (d) had been selling

Identify the grammatical error in the dialogue.

21. (a) A: I'm going to get a cup of hot tea. Maybe something warm on my throat would help.
(b) B: While you're doing that, I'll play through that last song again. I'm hitting the wrong keys.
(c) A: What's wrong? Are your fingers as tired as my throat?
(d) B: Probably. But I need practicing a little more.

22. (a) A: Hi, Cliff. I haven't seen you in months. What's new?
(b) B: Not much. How about you? Are you still working at the bank?
(c) A: No, I left the bank and moved to the country. I have a small farm there.
(d) B: Really? But you loved your job, weren't you?

Identify the ungrammatical sentence in the passage.

23. (a) Each of us has probably wanted to live another life, even if only for a brief time. (b) It is not a matter of being dissatisfied with our own lives, but it is more a curiosity about the road not traveled. (c) Of course, one way of satisfying this curiosity is through travel. (d) Just as we may dream of being an actor on a stage, travel allows us experiencing a different world.

24. (a) We often hear that high achievers are hard-working people who bring work home and labor over it until bedtime. (b) When Garfield interviewed top people in major industries, however, he finds that they knew how to relax and could leave their work at the office. (c) They also spent a healthy amount of time with their family and friends. (d) Successful people are willing to work hard, but within strict limits.

25. (a) To live within our means without too much avarice is wise. (b) To know our means without complaint is a short cut leads to happiness. (c) He who is not contented with his means drives happiness away. (d) Happiness comes to those who do not have complaints, but it passes by those who have complaints.

Final Test

Final Test 1

Part I (1~20) Choose the best answer for the blank.

1. A: Have you finished writing that job advertisement yet?
   B: Not _____.
   (a) quite
   (b) few
   (c) much
   (d) too

2. A: Would you like to go on a picnic with me today?
   B: Not really. To be honest, I don't feel _____ out today. I am terribly tired.
   (a) like to go
   (b) like going
   (c) like to going
   (d) like go

3. A: You could send only a telegram, not a letter.
   B: Yes, so I tried to convey the gist of my experiences overseas, _____ both brevity and clarity in as few words as possible.
   (a) hope to
   (b) hoping to
   (c) hoped for
   (d) hoping for

4. A: Do you mind closing the window?
   B: _____, for we have enough fresh air.
   (a) Yes, I do
   (b) Yes, I don't
   (c) No, I don't
   (d) No, I do

5. A: Will eighty dollars be enough?
   B: Another twenty _____.
   (a) will be over
   (b) will add
   (c) will fix
   (d) will do

6. A: Have you ever visited the ABC Studio?
   B: _____.
   (a) No, I never
   (b) No, I never go there, I'm sorry.
   (c) Sorry, I had never been there, but I'd like to.
   (d) No, I've never been there, but I'd like to.

7. A: What happened?
   B: The situation is _____.
   (a) much embarrassed
   (b) much embarrassing
   (c) very much embarrassed
   (d) very embarrassing

8. A: Who's seen the boss this morning?
   B: _____.
   (a) I do
   (b) I did
   (c) I am
   (d) I have

9. A: Do you know the man in the sunglasses over there?
   B: Yeah, he is a rock singer. He is _____ by every teenager in Korea.
   (a) famous to be known enough
   (b) famous be known to enough
   (c) famous enough to be known
   (d) enough famous be known

10. A: Let's take a walk before the English class starts.
    B: Oh, I think it's _____ for walking.
    (a) very much heat
    (b) too much hot
    (c) too much heat
    (d) much too hot

Final Test 1

11. A: Do we all have to go to the Friday meeting?
    B: Yes. It's important that everybody _____ the meeting this week because we will make an important decision on personnel issues.
    (a) should attend
    (b) is attending
    (c) will attend
    (d) attended

12. A: How long has it been since you had a vacation?
    B: It _____ two years since I had a vacation.
    (a) has been
    (b) had been
    (c) have been
    (d) is

13. A: Why are you _____ the TV?
    B: I'm going to watch the news.
    (a) turned down
    (b) turning off
    (c) turning on
    (d) turned up

14. A: So, when can we get our tickets?
    B: We can _____ at the airport. I already paid.
    (a) pick up it
    (b) pick it up
    (c) pick up them
    (d) pick them up

15. A: When will he be back from the conference?
    B: He will be back _____.
    (a) in a few days
    (b) for a few days
    (c) during a few day
    (d) by a few days

16. A: Did you enjoy the concert?
    B: No, I had a hard time _____ concert.
    (a) sitting when
    (b) sitting through
    (c) sit until
    (d) sit until

17. A: Are you coming to the game with us this evening?
    B: Yes, _____ I get my work done.
    (a) since
    (b) if
    (c) however
    (d) whether

18. A: Which rug did your wife buy?
    B: The blue one, but I _____ bought the brown one.
    (a) will have rather
    (b) rather had
    (c) will rather have
    (d) would rather have

19. A: I'm sorry I forget to bring your book.
    B: _____. Think nothing of it.
    (a) You're quite welcome
    (b) I'm grateful to you
    (c) That's all right
    (d) Come to the point

20. A: Where is the nearest drugstore?
    B: _____.
    (a) There is one on Tenth Street
    (b) It is at Tenth Street
    (c) One is over Tenth Street
    (d) Tenth Street has it

Final Test 1

Part II (21~40) Choose the best answer for the blank.

21. Each of the angles of the triangle used in the school orchestra _____ 60.
    (a) measures
    (b) are measured
    (c) measure
    (d) is measured

22. Wealth _____ not in having great possessions but in having few wants.
    (a) consists
    (b) consist
    (c) is consisted
    (d) are consisted

23. The thoughtful children will be considerate of parents to avoid _____.
    (a) to make them feel abounding
    (b) making them feel abandoned
    (c) making them feel abandoning
    (d) making them to feel abandoned

24. Business is much more _____ a pleasure and a success if you speak the local language. You understand local traditions better. Business negotiations are more successful.
    (a) like
    (b) of
    (c) or less
    (d) beyond

25. Divorce is sometimes prohibited and sometimes permitted, although the degree of ease or difficulty _____ a divorce can be obtained varies considerably.
    (a) in suffering
    (b) in getting
    (c) with which
    (d) through which

26. He _____ a rule to get up early every morning.
    (a) make it
    (b) make
    (c) makes
    (d) makes it

27. She talked as if she _____ a doctor.
    (a) were
    (b) is
    (c) would be
    (d) had been

28. Let's keep the heating on _____ the temperatures drop below zero over night.
    (a) unless
    (b) in case
    (c) as
    (d) for

29. His colorful stories about the American West made _____.
    (a) Bret Harte was famous
    (b) famous Bret Harte
    (c) Bret Harte famous
    (d) he was the famous Bret Harte

30. The flamingo uses its bill _____ feeding to filter mud and water from the tiny plants and animals that it finds in shallow ponds.
    (a) is
    (b) was
    (c) when
    (d) when they

Final Test 1

31. The wild ancestor of potato and _____ are unknown.
   (a) where was it first cultivated
   (b) it was first cultivated where
   (c) where the place of its first cultivation
   (d) the place of its first cultivation

32. After staying in the hospital, she tried to struggle to get _____.
   (a) her paralyzed legs move
   (b) her legs move paralyzed
   (c) move her legs paralyzed
   (d) her paralyzed legs to move

33. _____ a tenth planet may exist is suggested by discrepancies in the motions of Uranus and Neptune.
   (a) It is the fact that
   (b) What is the fact
   (c) In fact
   (d) That

34. Extensive forests, _____, abundant wildlife, and beautiful waterfalls are among the attractions of Glacier National Park.
   (a) it has spectacular mountain scenery.
   (b) the mountain scenery is spectacular
   (c) spectacular mountain scenery
   (d) and the spectacular scenery of the mountain

35. _____ a tomato plant from 75 to 85 days to develop into a mature plant with ripe fruit.
   (a) It takes
   (b) To take
   (c) That takes
   (d) By talking

36. Without any previous knowledge of environmental law, Mr. Matthews _____ answer a technical question like yours.
    (a) can hardly expect
    (b) can hardly be expected to
    (c) cannot hardly expect
    (d) cannot hardly be expected to

37. He put _____ a hundred dollars a month for his summer holidays.
    (a) in
    (b) by
    (c) down
    (d) forward

38. It was imperative that he _____ at once.
    (a) acted
    (b) act
    (c) acts
    (d) be act

39. Many who came by _____ the government for not keeping the ways clearly, but none assumed the duty of pushing the obstacle away.
    (a) loudly blaming
    (b) loudly blamed
    (c) blaming loudly
    (d) blamed loudly

40. To pay respect to the late veterans as well as _____ and their families now serving in Korea, the AFOC decided to offer them an opportunity to understand Korea in the event.
    (a) those alive
    (b) alive those
    (c) survive those
    (d) those survive

Final Test 1 207

Final Test 1

Part III(41~45) Identify the option that contains an awkward expression or an error in grammar.

41. (a) A: Do you have anything to declare?
    (b) B: I beg your pardon?
    (c) A: Are you bringing about any items on which you must pay duty?
    (d) B: Not at all.

42. (a) A: Help! I think my computer's going crazy!
    (b) B: Oh, it looks it's got a virus.
    (c) A: What do I do? I don't know the first thing about computers.
    (d) B: Don't look at me. I'm no computer expert either.

43. (a) A: What are you reading?
    (b) B: It's the article about next year's fashion trends.
    (c) A: So, what does it say is going to be popular?
    (d) B: It says miniskirts will be back in style.

44. (a) A: Do you see anything?
    (b) B: Yes, I think he's got a little piece of glass in his paw.
    (c) A: Can you get out it ?
    (d) B: Let me get some instruments. I'll be right back.

45. (a) A: How about taking a boat ride around the lake?
    (b) B: I don't think we have enough time.
    (c) A: Sure we do. The next boat left in thirty minutes. And the sign says the trip lasts an hour and a half.
    (d) B: We've got plenty of time then, so let's do it.

Part IV(46~50) Identify the option that contains an awkward expression or an error in grammar.

46. (a) A tree frog is less than an inch long, yet its loud, clear call can be heard almost a mile away. (b) This sound is hard to locate even though the creature may be sitting nearby. (c) Probably more persons hear than ever see the tiny animal. (d) Only the full-grown male can sing, and the performance is an amazed sight to watch.

47. (a) Moles are dark spots on human skin. (b) They can vary in color from light to dark brown or black. (c) Most everyone has at least one mole. (d) According to ancient superstitions, moles reveal a person's character.

48. (a) Michelangelo looked at a block of marble and saw a man. (b) Elffers looks at a lemon and sees a pig. (c) Grown up in Holland, he was taught to clear his plate; (d) Playing with food was forbidden.

49. (a) Occupations foster gender differences among workers in a variety of way. (b) One of the most pervasive being internal stratification. (c) That is, men and women in the same occupation often perform different tasks and functions. (d) Even in those occupations that appear sexually integrated, the aggregate statistics often mask extreme internal segregation.

50. (a) For their own benefit, companies have various ways of offering lower prices. (b) One way of doing this is a trade discount. (c) It is offered to the shops or businesses that buy goods on a large scale and sell them. (d) There is also a quantity discount, which offered to individuals who order large quantities of a product.

Final Test 2

Part I (1~20) Choose the best answer for the blank.

1. A: Maybe he won't agree to our plan.
   B: I'm afraid _____.
   (a) not
   (b) it
   (c) to
   (d) that

2. A: Did you have any trouble getting to work this morning?
   B: Yes, the road _____ because of an accident.
   (a) has jammed
   (b) is being jammed
   (c) was jammed
   (d) had been jammed

3. A: My doctor told me I'm too fat.
   B: Did you agree _____?
   (a) to try to diet
   (b) try diet
   (c) try to diet
   (d) to try diet

4. A: The class objected _____ so much homework.
   B: But our teacher said it was necessary.
   (a) done
   (b) doing
   (c) to do
   (d) to doing

5. A: My girlfriend wishes we lived next door to each other, but I'm not so sure that would be _____.
   B: It has pros and cons. Reflect on it and make a decision.
   (a) good ideas
   (b) good idea
   (c) the good idea
   (d) a good idea

6. A: What do you recommend?
   B: Madam, you will _____ this camera.
   (a) regret not buying
   (b) regret to buy
   (c) regret buying not
   (d) not regret to buy

7. A: Can I reserve a seat on your flight to Seoul _____?
   B: Certainly, sir. Do you have a visa?
   (a) on the first April
   (b) at April the first
   (c) on April the first
   (d) on first April

8. A: The food at the new Korean restaurant is delicious.
   B: It's expensive, _____.
   (a) although
   (b) though
   (c) even if
   (d) even though

9. A: Would you like some soup for dinner?
   B: _____ that, let's have salad.
   (a) In place of
   (b) Rather than
   (c) Unless
   (d) Instead

10. A: Did you take the medicine?
    B: Yes, but when I took it, it _____ any good.
    (a) didn't do
    (b) didn't
    (c) hasn't
    (d) doesn't

Final Test 2

11. A: What will the weather be _____ tomorrow?
  B: It's going to snow tomorrow.
  (a) for
  (b) about
  (c) like
  (d) alike

12. A: We're having a picnic tomorrow. Why don't you come with us?
  B: _____ but I think it's going to rain. The weatherman says it is.
  (a) That's a good idea
  (b) No, thanks
  (c) I'd like to
  (d) Well, I'll go

13. A: My father is very strict.
  B: I think _____ .
  (a) quite strict father
  (b) he is a quite strict father
  (c) he is a father quite strict
  (d) he is quite a strict father

14. A: Mr. Klein smokes too much.
  B: Well, he used to smoke more than he _____ now.
  (a) could
  (b) has
  (c) does
  (d) smoked

15. A: Where've you been?
  B: _____ The weather has been great today. It looks as if spring has come.
  (a) Out walking in the park.
  (b) Who knows where I have been?
  (c) I have gone to the museum.
  (d) I have stayed indoors all day long.

16. A: Does your watch keep good time?
B: _____.
(a) Yes, my watch gains three minutes a day
(b) No, my watch loses five minutes a day
(c) It's just five past ten
(d) It will take about two hours

17. A: What day is it today?
B: _____.
(a) Today is a national holiday
(b) Today is September 9
(c) Today is Friday
(d) Today is my day off

18. A: He hasn't eaten _____ yesterday.
B: Oh, poor boy. I'll get some food for him.
(a) anything since
(b) anything from
(c) nothing after
(d) nothing until

19. A: How long have you been doing that job?
B: I _____ this work since I retired.
(a) have been doing
(b) have been done
(c) had been done
(d) had been doing

20. A: What happened to the plant I gave you?
B: The plant _____ well, but I did not water it.
(a) did grow
(b) would grow
(c) would have grown
(d) should have grown

Final Test 2

Part II (21~40) Choose the best answer for the blank.

21. After the defeat of the Spanish Armada in 1588, Spain _____ in the world.
    (a) which lost much of her power
    (b) she lost much of her power
    (c) lost much of her power
    (d) losing much of her power

22. _____, Margarte Mead was able to confirm her beliefs regarding cultural determinism.
    (a) The Samoans
    (b) Among the Samoans
    (c) She
    (d) That she

23. The first flight from Seoul is at 7:30 in the morning and thereafter every hour at 30 minutes past the hour _____ 8:30 in the evening.
    (a) until
    (b) by
    (c) for
    (d) to

24. The poor little woman looked as if she needed rest but _____ get it because the room was in a chaotic state.
    (a) was not likely to
    (b) was supposed to
    (c) was about to
    (d) was ready to

25. I want you to submit your report by tomorrow noon _____ . That is the absolute deadline.
    (a) at last
    (b) at the least
    (c) at latest
    (d) at the latest

26. The worst thing a teacher can do to a child is _____ his confidence in himself.
    (a) undermining to
    (b) undermined
    (c) to be undermined
    (d) to undermine

27. From the apartment, we _____ shops and schools.
    (a) have easy access to
    (b) have easy way to
    (c) are easily near
    (d) take no time to

28. This is not as easy as I thought _____.
    (a) it would be
    (b) it to be
    (c) it could be
    (d) it was

29. Don't fail me this time. I _____ you being there this time.
    (a) lean on
    (b) count on
    (c) take it for granted that
    (d) trust

30. About a quarter of his wages goes for taxes, social security, and trade union dues. If he lives austerely, he _____ or send home $200 a month.
    (a) can still be saved
    (b) can save still
    (c) can still save
    (d) still can save

Final Test 2

31. Conversation is unlike a discussion _____ one is not trying to arrive at any definite conclusion.
   (a) insofar as
   (b) in order that
   (c) in respect of
   (d) in regard to

32. He was caught _____ a shower on the way home.
   (a) in
   (b) by
   (c) to
   (d) on

33. She had then two alternatives, _____ could have saved her $ 200.
   (a) and it
   (b) and one of which
   (c) one of them
   (d) one of which

34. The duties of my secretary are to receive visitors, _____.
   (a) opening mails, she types letters
   (b) to open mails and typing letters
   (c) to open mails and to type letters
   (d) to open mails and they type letters

35. _____ west of the Rocky Mountains.
   (a) Tornadoes almost occur never
   (b) Tornadoes never almost occur
   (c) Never tornadoes almost occur
   (d) Tornadoes almost never occur

36. Asia _____ by most experts to be the cradle of human civilization.
    (a) has always been considered
    (b) has been always considered
    (c) always has been considered
    (d) has been considered always

37. Smoking _____ your health.
    (a) can affect dangerously
    (b) can seriously effect
    (c) seriously can affect
    (d) can seriously affect

38. It _____ that American boys and girls are the happiest—and possibly the most spoiled—young people in the world.
    (a) has said
    (b) has been said
    (c) has told
    (d) has been told

39. There are various reasons why English has come to occupy the important position it _____ today.
    (a) do
    (b) does
    (c) is
    (d) was

40. It does not matter to a great actor what part he plays or whether it may be _____ of a king or a beggar.
    (a) one
    (b) it
    (c) those
    (d) that

Final Test 2

Part III (41~45) Identify the option that contains an awkward expression or an error in grammar.

41. (a) A: Try this earrings. It will go nice with your dress.
    (b) B: But last prizewinner wore them in last year. I don't want to wear the same as earrings as she wore.
    (c) A: Ok, how about this?
    (d) B: It's better. This can flatter my appearance.

42. (a) A: Nowadays, I have a guy who I am interested in.
    (b) B: Wow, who is the lucky? You are the prettiest woman in our group.
    (c) A: He is Brian. I will have word with him.
    (d) B: I'll keep my fingers crossed for you.

43. (a) A: Excuse me. Could you tell me where is he?
    (b) B: He is just out of hospital.
    (c) A: Really? He can recover his health very quickly.
    (d) B: Yes. Anyway it's good.

44. (a) A: I'm going to a movie tonight. Would you like to go with me?
    (b) B: I'd love to, but I have to finish my report by tomorrow.
    (c) A: That's too bad. By the way, do you have time?
    (d) B: It's ten to eleven.

45. (a) A: Hello, Singapore Tours. May I help you?
    (b) B: Oh, yes, please. I'm interested in the round-trip ferry services from Singapore to Bintan.
    (c) A: How often people are there in your party?
    (d) B: Just one adult.

Part IV(46~50) Identify the option that contains an awkward expression or an error in grammar.

46. (a) Gems rarely appear beautiful in their natural state. (b) In fact, the diamond in the rough is the most unattractive gem. (c) It would probably be thrown away by a casual observer as a worthless pebble. (d) The sparkling features what most people identify with a diamond are hidden under a hard crust that must be removed.

47. (a) ACME Travel International arranges personalized world tours for small group of people(up to ten), mainly from North America. (b) We are looking for men and women whom speak good English to act as local hosts and guides to accompany our clients during their time in your city. (c) We have vacancies for hosts who can only work weekends and evenings as well as weekdays. (d) Write me now: Tell me about yourself, why you think you would be suitable and when you are available.

48. (a) Do you want to speak a foreign language? (b) This will be the most profitable evening in your life. (c) Forget dull lessons and the traditional methods of learning. (d) In a single session you'll have the tricks enabling you carry on a social conversation with a foreigner.

49. (a) Agriculture will continue to develop in three main ways. (b) First, farming will become even more efficient by using new types of technology. (c) Second, new ways of growing storing and selling crops will developed which can be used by poor people as well as rich people. (d) Third, agricultural products will be used in many ways.

50. (a) Reading stories and poetry, for instance, can help us to understand and improve our own situations. (b) In other words, art is a creation that lifts our human spirit. (c) Because art, our lives are better. (d) The painter, the writer, the musician – all artists contribute to a better life for everyone.

Answers
정답 및 해설

Chapter 01 문장의 형식

Simple Check-1

Type A

1.
해석_ 나는 쇼팽의 음악이 무척 감미롭게 들리기 때문에 좋아한다.
해설_ 지각동사 다음에는 보어로 형용사가 온다.
정답_ sweet

2.
해석_ 앉으라고 할 때까지 서 있어라.
해설_ remain은 2형식동사이기에 뒤에는 보어가 와야 한다. 따라서 형용사인 분사형태로서의 standing이 되어야 한다.
정답_ standing

Type B

1.
해석_ 소나무가 호수의 주변까지 자라서, 우리는 물에 가기 위해서 작은 소나무 숲을 거쳐 가야 했다.
해설_ reach는 타동사로서 뒤에 장소의 표현이 나올 때 전치사를 수반하지 않고 곧바로 목적어가 따라온다.
정답_ reach to → reach

2.
해석_ 그들은 사회적인 문제들에 대해 토론했다.
해설_ discuss는 타동사로 전치사를 수반하지 않는다.
정답_ discussed about → discussed

Simple Check-2

Type A

1.
해석_ 그녀는 내게 질문했다.
해설_ ask는 목적어의 위치를 바꿀 때 전치사 of를 사용한다.
정답_ of

2.
해석_ Black 교수는 매주 금요일 우리에게 작문을 하도록 시켰다.
해설_ 사역동사 뒤에는 원형부정사가 온다.
정답_ write

Type B

1.
해석_ 김 박사를 소개하는 것을 기쁨으로 생각합니다.
해설_ introduce는 사람 목적어를 취할 때 뒤에 to가 와야 한다.
정답_ Dr. Kim → to Dr. Kim

2.
해석_ 그는 그의 아들이 여자친구 사귀는 것을 허용하지 않는다.
해설_ allow는 목적보어로 to부정사를 사용한다.
정답_ have → to have

Basic Practice

1.
해석_ A: 우리 몇 명이 수업 끝나고 뭐 먹으러 갈 건데 같이 갈래?
B: 물론이지. 나도 끼워 줘.
해설_ 'a bunch of + 복수명사 + 복수동사'가 온다. 가까운 미래를 나타내므로 are가 적절하다.
어휘_ count me in 나도 끼워줘
정답_ (b)

2.
해석_ A: 뭔가 잘못됐어?
B: 이 우유가 상했어.
해설_ 동사와 자주 어울려 쓰이는 형용사 용법을 아는지 묻고 있다. 주어가 사물이지만 수동태를 사용할 필요가 없는 문장이다.
어휘_ go bad 상하다
정답_ (a)

3.
해석_ A: 너는 Larry의 새로운 옷을 좋아하니?
B: 그래, 그것은 그를 잘 생기게 보이도록 만드는 것 같아.
해설_ make는 목적보어로 동사원형을 취한다.
정답_ (b)

4.
해석_ A: 너의 가족은 언제 도착하니?
B: 그들이 10시에 올 거라 예상해.
해설_ expect는 목적보어로 to부정사를 취한다.
정답_ (c)

5.
해석_ A: 눈이 얼마나 쌓였는지 봐.
B: 어젯밤 엄청난 눈보라가 있었어.
해설_ 유도부사 there가 적합하다.
정답_ (c)

6.
해석_ A: 미국에서 학교라는 것은 사람들이 교육을 받는 곳이다.
B: 그러나 오늘날 아이들이 학교를 가는 것이 교육을 방해한다고도 흔히들 말한다.
해설_ 동사 tell과 say를 구분하는 문제이다. tell은 '~에게'에 해당하는 간접목적어와 '~을'에 해당하는 직접목적어와 함께 사용한다.
정답_ (d)

7.
해석_ 이런 광고는 사람들로 하여금 그들의 아이들에게 좋은 음식을 먹이는 것과 같은 중요한 일을 하지 않는다는 죄책감을 느끼도록 만든다.
해설_ **make**는 사역동사이므로 동사원형이 와야 한다.
어휘_ **ads(=advertisement)** 광고
정답_ (c)

8.
해석_ 특별한 단체를 대변하는 로비스트들은 그들의 집단의 이익을 반영하는 법률을 의회가 통과시키도록 한다.
해설_ **get**은 목적보어로 **to**부정사나 과거분사를 사용하는데 여기서는 **congress**와의 관계가 능동이므로 **to**부정사를 써야 한다.
어휘_ **congress** 의회 **legislation** 법령
정답_ (a)

9.
해석_ 그 집에 그는 많은 돈을 지불했다.
해설_ **cost**는 직접목적어를 두 개 갖는 동사로, 두 목적어의 위치를 바꿀 수 없다.
어휘_ **a great deal** 상당한
정답_ (a)

10.
해석_ **Charles Lindberg**는 기자들에게 다른 사람들이 실패했음에도 불구하고 그는 대서양을 홀로 횡단하는 시도가 방해받지 않았다고 말했다.
해설_ 4형식동사 **told**는 목적어가 두 개 나와야 한다. 접속사 **that** 뒤에는 완전한 문장이 온다.
어휘_ **deter** (못하게) 막다 **attempt** 시도 **cross** 건너다
정답_ (a)

11.
해석_ 경제학적으로, 비록 1960년대와 1970년대 초의 높은 경제성장률이 반복되지 않겠지만 동아시아 지역의 활력은 계속될 것으로 기대된다.
해설_ '기대가 되는 것'이기에 **expected**이다. **remain**은 자동사이므로 수동태로 사용할 수 없다.
어휘_ **dynamism** 활력 **expected to** ~할 것이라고 기대되다
정답_ (c)

12.
해석_ 20세기의 가장 저명한 핵물리학자인 **J. 로버트 오펜하이머**는 종종 '원자폭탄의 아버지'로 일컬어지고 있다.
해설_ **refer to A**(목적어) **as B**(목적보어)가 수동으로 사용될 경우 '**be referred to as**'이 되며 여기에서 빈도부사 **often**의 위치는 **be**동사 다음이 적절하다.
어휘_ **referred to** ~라고 말하다, 일컫다
정답_ (d)

13.
해석_ A: 네가 한 식당에서 어떤 사람이 숨이 막히는 것을 다른 사람들은 보지 못하고 너 혼자만 보았다면 너는 어떻게 하겠니?
B: 내가 하지 않았을 것이 한 가지 있지. 나는 못 본 체 하지는 않을 거야.
A: 나는 아마 웨이터를 부를 거야.
B: 나도 그래. 그게 최선의 방법일거야.
해설_ 지각동사는 동사원형 혹은 분사를 목적보어로 취한다. **to choke → choking**
정답_ (a)

14.
해석_ A: 저기 **Cathy**가 온다! 그녀는 항상 늦어.
B: 그녀에게 그 문제에 대해 이야기를 하고 정각에 오라고 제의해봤니?
A: 이봐, 내가 지쳐서 창백해질 때까지 이야기를 해왔어. 그것은 불가능해. 그녀는 전혀 신경 쓰지 않는 것 같아.
B: 네가 할 수 있는 것이 분명히 있을 거야.
해설_ **encourage**는 **to**부정사를 목적보어로 취한다. **being → to be**
정답_ (b)

15.
해석_ (a) 경쟁이란 여러 가지 면에서 발전의 중요한 구성 요소이다. (b) 개인적 차원에서 경쟁은 우리가 될 수 있는 최고의 사람이 되게 한다. (c) 예를 들어, 스포츠에서 우리는 다른 사람들과 경쟁함으로써 우리의 운동 성과를 높일 수 있다. (d) 사업에서 경쟁은 여러 회사들이 생존하기 위해 새로운 아이디어를 개발하도록 독려하여 시장을 통제한다.
해설_ **allow**는 **to**부정사를 목적보어로 취한다. **becoming → to become**
정답_ (b)

Chapter 02 시제

Simple Check-1

Type A

1.
해석_ 곧 열차가 도착합니다.
해설_ 왕래발착 동사는 미래 부사구가 사용된 경우 will 대신 현재시제나 현재진행형을 사용한다.
정답_ is arriving

2.
해석_ 그가 올 때까지 기다립시다.
해설_ 시간, 조건 부사절에서는 현재가 미래시제를 대신한다.
정답_ comes

Type B

1.
해석_ 나는 그가 말한 것을 믿는다.
해설_ '믿고 있다'는 지속적 상태를 나타내므로 진행형은 사용할 수 없다.
정답_ am believing → believe

2.
해석_ 그 집은 내 것이다.
해설_ 지속적인 상태(belong to)를 나타내는 동사는 현재진행형으로 쓰지 않는다.
정답_ is belonging to → belongs to

Simple Check-2

Type A

1.
해석_ 그 팀은 홈경기에선 진 적이 없다.
해설_ 부사는 조동사 뒤에 써야 한다.
정답_ has never

2.
해석_ 나는 뉴욕에 가본 적이 있다.
해설_ gone은 '가고 없다'는 의미이므로 어색하다.
정답_ been

Type B

1.
해석_ 나는 일요일 이래로 그를 보지 못했다.
해설_ 현재완료에 어울리는 부사구는 since이다.
정답_ ago → since

2.
해석_ 2010년쯤에는 과학자들은 확실히 일반적인 감기의 치료법을 발견할 것이다.
해설_ 미래의 일이므로 미래완료 시제가 알맞다.
정답_ must → will

Basic Practice

1.
해석_ A: 네가 외출할 때 우체국을 지나가니?
B: 응, 왜?
해설_ 시간, 조건의 부사절에서는 현재가 미래시제를 대신한다.
정답_ (d)

2.
해석_ A: 내가 그녀를 볼 때 어떻게 그녀를 알아볼 수 있을까요?
B: 그녀는 노란색 모자를 쓰고 있을 겁니다.
해설_ 미래시제이면서 진행형을 표현하려면 will be -ing를 사용한다.
정답_ (a)

3.
해석_ A: Tom은 그 시험을 보았니?
B: 아니, 그가 시험을 치려고 했지만 마음을 바꿨어.
해설_ 주절의 시제와 일치를 이루려면 과거형이 와야 한다.
정답_ (b)

4.
해석_ A: Tom은 그의 새로운 일을 언제 시작할 예정이지?
B: 이미 시작했어.
해설_ '이미 시작했다'는 의미에 부합하는 시제는 현재완료로 already가 현재완료형에 사용되는 부사이다.
정답_ (c)

5.
해석_ A: 너 뭐하고 있니? 숙제를 끝냈니?
B: 아니오, 비디오게임을 하고 있었어요.
해설_ 물어본 시점까지 진행되고 있는 상황에 대해 서술하고 있으므로 현재완료진행형을 사용한다.
정답_ (b)

6.
해석_ A: 오늘밤 늦게 집에 갈 거야?
B: 그렇지 않아. 나는 평상시처럼 집에 가야 해.
해설_ home은 부사이므로 전치사 at을 사용하지 않으며 간접의문문은 주어, 동사의 어순이 바뀌지 않는다. 시제는 앞으로 일어날 일이므로 미래시제를 사용한다.
정답_ (c)

7.
해석_ 최근 10년 동안 그의 정치적 영향력은 상당히 커졌다.
해설_ over는 기간을 나타내며, 문맥이 지금까지 계속되고 있다는 의미의 현재완료 계속적 용법이 적합하다.
어휘_ considerably 상당히 influence 영향력
정답_ (b)

8.
해석_ 그 바위는 어떤 동물의 얼굴을 닮았다.
해설_ resemble은 타동사로 전치사 with가 필요 없으며, 진행형이 불가능한 동사이다.
정답_ (b)

9.
해석_ 나는 내가 어렸을 때 뉴욕에 두 번 가본 적이 있다.
해설_ 경험적 시간표시 부사구 two times 와 어울리는 것은 현재완료이다. 특히 경험적인 완료에는 have been to를 쓴다.
정답_ (b)

10.
해석_ 도라 양은 이번 주말에 브라질로 떠날 예정이다.
해설_ 가까운 미래 시점을 나타내는 것으로 왕래발착동사의 진행형으로 나타낸다.
정답_ (a)

11.
해석_ 나는 시험이 끝나자마자 휴가차 집에 갈 것이다.
해설_ 시간을 나타내는 부사절에서는 현재가 미래를 대신한다.
어휘_ as soon as ~ 하자마자
정답_ (c)

12.
해석_ 그는 자살했다고 알려졌다.
해설_ believe는 상태동사이므로 현재진행형이 안 되며, 그 자신을 목적어로 취하려면 주어는 he가 와야 한다.
정답_ (d)

13.
해석_ A: 정말? 배관공을 불렀니?
　　　B: 네. 그는 이곳에 30분 전에 오기로 했지만, 아직 안 왔어요.
　　　A: 걱정 마. 내가 곧 집에 도착할거야.
　　　B: 아빠, 실은 저 그룹 스터디 때문에 지금 나가야 돼요.
해설_ ago가 있으므로 시제는 현재가 아닌 과거를 사용한다. is → was
정답_ (b)

14.
해석_ (a) 중국이 한 가정 한 자녀 정책의 포기를 고려했다는 증거는 전혀 없다. (b) 그것은 화제가 될 정도로 큰 성공이었다,1970년대에는 보통 한 여자가 거의 5명의 자녀를 가졌던 반면에 지금은 약 2명을 두고 있다. (c) 출산율이 부유한 나라들의 수준에 육박한다. (d) 중국 정부는 확실히 변화에 대한 소문이 시골에서의 출생률을 치솟게 하지나 않을까 하는 점을 우려하고 있다.
해설_ 종속절의 시점이 과거이므로 시제는 과거형을 사용해야 한다.
have → had
어휘_ zero evidence = no evidence 증거 없음
arguably 논의될 수 있는 fertility rate 출산율(birthrate)
spike 계획을 방해하다 countryside 농촌지역
정답_ (b)

15.
해석_ (a) 당신이 과일가게에 들어가서 사과를 원하는데, 사과 하나를 집어 들고 한입 깨물었는데 맛이 시다는 것을 알게 되었다고 가정해 보라. (b) 당신이 사과를 보는데, 사과는 딱딱하고 덜 익었다. (c) 가게 주인은 당신에게 또 다른 사과를 주지만, 당신은 그것을 깨물어 보기도 전에 사과를 평가하고 그것이 단단하고 덜 익었다는 것을 알아낸다. (d) 즉시 당신은 그 사과가 시큼할 것임에 틀림없기 때문에 먹지 않겠다고 말한다.
해설_ 문맥의 의미상 먹지 않을 것이라는 부정의 의미가 적합하며, 미래의지를 나타내는 조동사 will을 써서 표현한다. are not having → will not have
어휘_ trivial 사소한, 하찮은; 진부한, 평범한
　　　 green (과일이) 덜 익은, 풋내기인
정답_ (d)

Chapter 03 수동태

Simple Check-1

Type A
1.
해석_ 비는 몇 시간 동안 계속되었다.
해설_ last가 '지속되다'의 의미로 쓰일 때 자동사로 수동태가 불가능하다.
정답_ lasted

2.
해석_ 그는 아기를 잔디 위에 눕혔다.
해설_ 혼동되는 자동사와 타동사를 구분할 수 있는지 묻고 있다. 타동사 lay의 과거형은 laid이다.
정답_ laid

Type B
1.
해석_ 한 강도가 경찰서를 탈출했다.
해설_ 상태의 의미이므로 수동태로 쓰지 않는다.
정답_ A robber escaped from the police office.

2.
해석_ 그런 일들은 수시로 일어날 수 있다.
해설_ happen은 자동사이기에 수동태가 불가능하다.
정답_ be happened → happen

Simple Check-2

Type A
1.
해석_ 그 소설은 사실들로만 구성되어 있다.
해설_ be composed of ~로 구성되다
정답_ is composed of

2.
해석_ 모든 그의 시간과 정력이 그 책을 쓰는데 받쳐졌다.
해설_ be devoted to ~에 전념하다
정답_ to

Type B
1.
해석_ (우리는) Michael이 그 경기에 참가하기를 원한다.
해설_ want가 목적어와 목적보어를 동반하여 '~가 ~하기를 원하다'의 의미로 사용될 때 수동태를 쓸 수 없다.
정답_ We want Michael to take part in the game.

2.
해석_ 그 노래는 누구나 다 알고 있다.
해설_ '~에게 유명하다'는 전치사 to를 사용한다.
정답_ for → to

Basic Practice

1.
해석_ A: 어디 출생이십니까?
　　　 B: 부산에서 태어났지만, 서울에서 자랐습니다.
해설_ 내용상 과거를 나타내고 있고 수동의 의미를 나타내고 있으므로 was born이 되어야 한다.
정답_ (a)

2.
해석_ A: 왜 환자들은 그들의 병명으로 불리고 이름으로 불리지 않는 거지?
　　　 B: 아마도 의사로 하여금 감성에 빠지는 것을 막기 위함이겠지.
해설_ 환자들의 입장에서는 불리어지는 것이기에 called가 되어야 한다. 여기서의 by는 행위자의 의미가 아니라 불리어지는 기준을 나타내게 된다.
정답_ (c)

3.
해석_ A: 허가증을 가지고 있습니까, 선생님?
　　　 B: 그럼요, 저도 알아요. 해상에서 모일 권리는 해안경비대의 명시적 허가 없이는 엄격하게 금지되어 있죠, 맞죠?
해설_ 권리 사용이 금지되어진 것을 나타내야 한다. 따라서 수동태가 적절한 표현이다.
정답_ (a)

4.
해석_ A: 왜 사장님은 그렇게 화가 났지?
　　　 B: 우리가 현장에 도착했을 때 어떤 작업도 진행되지 않아서야.
해설_ 과거에 상황을 나타내므로 과거진행형을 사용하여야 하며, 일은 하여지는 대상이므로 수동태를 사용하는 것이 적절하다.
정답_ (c)

5.
해석_ A: 사고 보고서에 따르면, 당신은 그날 밤 그녀의 집에 있었다는 것이 이웃에 의해 발견되었어요.
　　　 B: 그것은 이웃의 실수입니다. 저는 그날 밤 그곳에 있지 않았습니다.
해설_ 과거에 타인에 의해서 목격이 된 상황을 나타내는 것이기에 were seen을 써야 한다.

정답_(c)

6.
해석_ A: 뉴질랜드에서 소가 읽는 것을 교육받고 있다는 것이 사실입니까?
B: 정신 차려. 그건 말도 안 돼.
해설_ 현재 진행되고 있는 일을 나타내고 내용으로 수동의 의미를 가져야 하기 때문에 are being taught가 적절하다.
정답_(a)

7.
해석_ 친구를 보면 그 사람을 알 수 있다.
해설_ be known by: ~을 보면 알 수 있다
정답_(a)

8.
해석_ 사실상 인간이 지각하고, 알고, 생각하고, 가치 있게 여기고, 느끼고, 행동하는 모든 것들은 사회적 시스템에 참여를 통해 배워진다.
해설_ 주어가 배움의 대상이 되어지는 것이므로 수동태 문장을 이용하여야 하며 everything은 단수이므로 단수동사가 와야 한다.
어휘_ perceive 지각하다   value 평가하다
sociological 사회의   participation 참여
정답_(a)

9.
해석_ 몇몇 컴퓨터 게임은 교육적인 가치와 오락적인 가치를 모두 가지고 있지만 다른 것들은 단순히 재미만을 위해 만들어졌다.
해설_ 주어가 다른 게임들을 의미하는 사물이 되므로 디자인 되어지는 것이며 복수동사를 사용하여 수동태로 표현한다.
정답_(a)

10.
해석_ 무슨 길을 선택하든지, 그 항해사는 어려움을 극복하는데 있어서 그의 친구들과 협력할 것이다.
해설_ 능동태와 수동태를 구분하는 문제이다. '길이 선택하다'의 능동개념이 아닌 '길이 선택되다'의 수동개념이기에 choose는 수동태 is chosen이 되어야 적절하며, 시간, 조건의 부사절에서는 현재가 미래를 대신하므로 현재시제를 사용한다.
정답_(b)

11.
해석_ 이 방은 다음 주에 페인트 칠 할 예정이다.
해설_ 방이 페인트가 칠하여지는 수동의 대상이 된다고 보는 것이 맞으므로 be painted가 적절하다.
정답_(b)

12.
해석_ 내가 떠나기 전에, 그녀가 주스 한 컵을 내게 주었다.
해설_ 떠나는 시제도 과거를 사용했으므로, 그녀의 의해서 주스를 제공받은 것도 과거가 되어야 하며 의미상 수동으로 쓰여야 한다.
정답_(a)

13.
해석_ A: 그 선생님의 역할은 무엇입니까?
B: 그 선생님의 첫 번째 역할은 상담역입니다.
A: 어떤 대화 기술이 중요시됩니까?
B: 가장 중요한 기술은 말을 이해하고 말하는 것이죠. 하지만 학생들이 이미 이해한 것에 기반을 두고 읽고 쓰는 것 또한 중요합니다.
해설_ 주어가 강조가 되어진다고 보는 것이 적절하므로 수동태 문장을 사용한다. emphasized → are emphasized
정답_(c)

14.
해석_ A: 넌 정말 열중해 있구나! 뭐가 그리 재미있는데?
B: 어, 안녕 Ed, 난 네가 온 것을 몰랐어. 나는 Tiburon 해변가의 쇼핑센터에 투자할까 생각중이야. 그래서 나는 그 센터에서 매물로 나온 가게에 대해 검토 중이었지.
A: 내 의견을 원하면 말할게. 신중히 결정해. 그 센터는 매립지 위에 건설되고 있어.
B: 알겠어. 나도 역시 지진은 둘째 치고 그 상황에 대해 걱정이 돼.
해설_ 건물은 지어지는 대상이 되므로 수동태를 사용한다. has built → has been built
정답_(c)

15.
해석_ (a) 모든 여행자들은 출발하기 전에 그들이 적절한 여행 보험에 들었는지 확실히 해야 한다. (b) 적당한 보험 증권은 휴가 전이나 휴가 동안 질병이나 사고로부터 발생하는 의료비용과 휴가비의 손해, 그리고 휴일의 취소에 대한 보상을 제공해야 한다. (c) 당신의 보험 증권과 비상 연락 설명서를 항상 휴대하라. (d) 출발하기 전에, 당신은 관광 담당자에게 여행 기간을 포함하는 보험 증권의 사본을 제출하도록 요구받을 것이다.
해설_ '당신은 필요로 할 것'이라는 의미가 문맥에 알맞으므로 be required라고 써야 한다.
어휘_ prior to ~보다 전에   coverage 보상
정답_(d)

Chapter 04 조동사

Simple Check-1

Type A

1.
해석_ 나는 그 장면을 보고 웃지 않을 수 없었다.
해설_ cannot but + 동사원형
정답_ laugh

2.
해석_ 당신은 일찍 시작하는 것이 낫다.
해설_ may as well + 동사원형
정답_ start

Type B

1.
해석_ 직장 근처에 살았을 때, 나는 제 시간에 사무실에 도착할 수 있었다.
해설_ 가능을 나타내는 could가 적합하다.
정답_ might → could

2.
해석_ 나는 그 장면을 보고 웃지 않을 수 없었다.
해설_ 'have no choice but to + 동사원형'의 구문이다.
정답_ laugh → to laugh

Simple Check-2

Type A

1.
해석_ 그는 내 말을 잘못 이해했음이 틀림없어요. 왜냐하면 나는 거기서 그를 만날 거라고 결코 말한 적이 없기 때문이죠.
해설_ 과거사실에 대한 현재의 강한 추측을 나타낸다.
정답_ must have

2.
해석_ 그는 오래된 집으로부터 이사하지 않았을지 모른다.
해설_ 과거사실에 대한 현재의 약한 추측으로 조동사 may의 부정은 may 뒤에 not을 사용한다.
정답_ may not have

Type B

1.
해석_ 당신은 아이스크림을 녹지 않는 곳에 놓아야 한다.
해설_ so that은 목적을 나타내므로 조동사 will이 알맞다.
정답_ doesn't → won't

2.
해석_ 성공한 삶을 살고자 원하는 사람은 열심히 일해야 한다.
해설_ 소망은 would, 필요, 의무는 must를 사용한다.
정답_ must → would, would → must

Simple Check-3

Type A

1.
해석_ 우리는 지난 저녁에 역사를 공부할 수 있었는데 하지 않았다.
해설_ 가정법 과거완료를 나타내는 could have (studied last night) 표현이다.
정답_ could have

2.
해석_ 그 규제는 시대에 뒤떨어져 있다; 그것은 오래 전에 철폐되었어야 했다.
해설_ ~했어야만 했다는 의미를 나타내므로, 'should have p.p.'로 쓰여야 적절하다.
정답_ should have

Type B

1.
해석_ 나는 그 책을 읽은 것 같은데, 거의 기억이 나질 않는다.
해설_ 과거 사실에 대한 현재의 약한 추측을 나타내고 있다.
정답_ can → may have

2.
해석_ 당신이 문제를 겪고 싶지 않다면, 어떠한 실수도 하지 않는 것이 좋다.
해설_ 'had better not + 동사원형'의 표현이다.
정답_ not to → not

Basic Practice

1.
해석_ A: Henry는 거리에서 말도 없이 나를 지나갔어.
B: 그가 너를 알아보지 못했을 거야.
해설_ can은 여기서 추측 의미로 사용되었다. 그래서 can't have seen으로 되어야 한다.
정답_ (d)

2.
해석_ A: 그 파티는 훌륭했어. 너도 왔어야 했는데. 왜 안 왔니?
B: 아팠어.
해설_ 파티의 내용이 좋았기에 네가 왔었어야 한다는 내용이 들어가야 하므로 'should have p.p.'가 적절하다.

정답_ (b)

3.
해석_ A: 좀 도와주겠어?
B: 미안. Fall에게 물어보지 그래? 그는 너를 도와줄 수 있을 거야.
해설_ can이 들어가면 be able to와 중복적으로 적용이 되게 되는 셈이 된다. 따라서 might가 적절하다.
정답_ (b)

4.
해석_ A: 오늘밤에 외출할래?
B: 안 그러는 게 좋겠어. 할 일이 많아.
해설_ 'had better + 동사원형'의 조동사 표현에서 부정어는 뒤에 not을 붙이면 된다.
정답_ (c)

5.
해석_ A: 내 가방을 도저히 찾을 수가 없어.
B: 네가 가게에 두고 왔을 수도 있어.
해설_ might는 may의 과거로서 여기에서는 추측 의미가 더해져서 표현되고 있다.
정답_ (d)

6.
해석_ A: 나 다리가 부러진 것 같아.
B: 오! 아니길 바래.
해설_ 문맥상 바라지 않는다는 내용이 적합하며 구어체 문법으로 (a)와 같이 대답하는 것이 자연스럽다.
정답_ (a)

7.
해석_ 수잔이 어린 아이였을 때, 그녀는 바닷가에 가서 조약돌을 던지곤 했다.
해설_ 과거의 불규칙적인 습관을 이야기 할 때는 조동사 would를 사용한다.
어휘_ pebble 조약돌
정답_ (c)

8.
해석_ 갔던 곳마다, 우리는 어렵지 않게 아이들이 홀로 길에 앉아 있는 모습을 볼 수 있었다.
해설_ '~할 수 있었다'라는 의미이므로 could가 들어가는 것이 가장 적절하다.
정답_ (b)

9.
해석_ 만일 내가 내 디너 마술쇼에서 그를 만날 수 있다면 모든 내 수수께끼가 풀릴 것이다.
해설_ if로 보아 조동사가 들어가야 하는데 문맥상 would가 들어가는 것이 가장 적절하다.
정답_ (c)

10.
해석_ 두 명의 암살자, John Booth와 Harvey Oswald는 둘 다 법정에 들어서기도 전에 살해당했다.
해설_ 문맥에서 they는 두 명의 암살자이며 재판에 데려가지는 수동의 의미이기에 bring은 수동태 be brought가 되어야 적합하며 가능의 의미를 가지는 조동사 could가 적합하다.
정답_ (a)

11.
해석_ 만약에 고양이가 공중에서 떨어질 때 처음에 스핀을 가지지 않고 외부의 회전력을 가지지 않는다면, 그것은 떨어지면서 몸을 비틀 수 없어야 당연하다.
해설_ 조동사 ought to는 주로 '의무'와 '당연성'을 표현하며, 부정형은 ought not to이며 be able to는 '~할 수 있다'는 의미로 쓰인다.
정답_ (a)

12.
해석_ 경험 많은 비행 조종사인 Makepeace는 그 비행기가 독일인들로부터 몰래 빠져 나가기 위해서 수직으로 비행을 해야 한다는 것을 알았다.
해설_ 주절의 동사가 과거일 경우 종속절의 조동사도 과거조동사(would, should, might등)가 사용되어야 한다. 단, must는 특정한 과거형이 없기에 had to가 대용한다.
정답_ (b)

13.
해석_ A: 만약 당신이 두 명의 새로운 구성원과 사무실을 함께 쓰는 것을 꺼리지 않는다면....
B: 사무실을 같이 쓴다고요?
A: 나는 당신에게 요청하고 싶지 않습니다. 다만, 나는 그것을 피하고 싶지만, 어쩔 수 없네요.
B: 아닙니다, 정말 괜찮아요. 이해합니다.
해설_ should have p.p.는 '했어야 했는데, 하지 못했다'의 의미로 사용된다.
정답_ (c)

14.
해석_ (a) 1883년이 한국 언론사의 역사에 있어서 중요한 해였다는 사실을 아는 사람은 거의 없다. (b) 이 해에 국민들을 교육시키고 국가에 필요한 변화를 가져오기 위한 노력의 일환으로 한국에서 최초로 신문이 간행되었다. (c) 1888년에 이 신문은 자금 부족으로 폐간해야만 했다. (d) 짧은 기간 동안이었음에도 불구하고, 이 신문은 한국 사람들이 뉴스를 접하는 방식에 영원한 변화를 가져다 주었다.

해설_ 과거시제가 들어가야 하는 자리로 must의 과거형 had to가 적절하다.
어휘_ press 언론, 신문
정답_ (c)

15.
해석_ (a) 그 파장은 관찰자의 눈에 들어올 때 연쇄적인 신경 화학적 현상을 유발시키며, 그 현상이 끝날 때 우리가 색깔이라 부르는 내적인 정신적 이미지가 만들어진다. (b) 여기에서 근본적 요점은 (c) 우리가 색깔로 지각하는 것은 색깔로 구성되어 있지 않다는 것이다. (d) 사과는 빨갛게 보일지 모르지만 그것을 이루는 원자는 전혀 빨간 색이 아니다.
해설_ 추측을 나타내는 조동사 may가 들어가는 것이 문맥에 흐름에 적합하다. should → may
어휘_ frequency 주파수 vibration 진동 set off 유발하다 a chain of 연쇄적인
정답_ (d)

ACTUAL TEST 1

1.
해석_ A: 왜 그렇게 슬퍼 보이는 거야?
B: 내 남자친구 때문에 그래. 그와 헤어지길 원해.
해설_ '지각동사 + (부사) + 형용사'의 어순을 알아야 하는 문제이다.
정답_ (d)

2.
해석_ A: Mark는 차를 수리했어?
B: 오늘 회사로 몰고 갔어, 그러니 수리를 했던 게 분명해.
해설_ 문맥상 '~했음이 틀림없다'가 들어가는 것이 적합하며 must have fixed를 줄여서 must have로 쓸 수 있다.
어휘_ fix 수리하다
정답_ (c)

3.
해석_ A: 네 남편이 가사비용을 마음대로 쓰게 내버려두니?
B: 물론이야. 네 남편은 어때?
해설_ 사역동사 let은 목적보어로 동사원형을 취한다.
정답_ (d)

4.
해석_ A: 너와 Mary 모두 스키를 타니?
B: 아니, 그녀는 스키를 탈 수 있지만, 나는 못 타.
해설_ 역접의 의미가 들어가야 하므로 not을 포함한다.
정답_ (b)

5.
해석_ A: Hamlet을 읽은 적 있니?
B: 아니, 나는 셰익스피어의 극 중 어떤 것도 읽지 못했어.
해설_ '읽어본 적이 있느냐?'는 질문에 대한 대답이므로 질문과 호응을 이루는 현재완료 시제를 사용하여 답한다.
정답_ (b)

6.
해석_ A: 네가 도착했을 때 Tom은 거기에 있었니?
B: 아니, 그는 이미 집으로 갔어.
해설_ 가버렸다는 결과를 나타내며, 물어본 시점보다 먼저 일어난 일이므로 과거완료 시제를 사용한다.
정답_ (d)

7.
해석_ A: 누가 문을 열었지?
B: 그가 문을 열었어.
해설_ '문은 그에 의해서 열려지는 것'이므로 수동태로 표현해야 한다. 또한 시제는 과거가 되어야 하기에 was opened가 적절하다.
정답_ (d)

8.
해석_ A: 훌륭한 치과의사를 추천해주시겠어요?
B: Crane 박사를 추천합니다. 그는 이 분야에서 훌륭한 치과의사로 인정받고 있죠.
해설_ be recognized as ~는 '~로 (잘) 알려지다'는 의미를 가지고 있다.
정답_ (a)

9.
해석_ A: 시험 어땠어?
B: 그렇게 어려울 거라는 것을 알았더라면 시험을 치르지 않았을 거야.
해설_ 가정법 과거완료이므로 '조동사 + have + p.p.'가 적절한데, 문맥상으로 부정형이 들어가야 적절하다.
정답_ (d)

10.
해석_ A: 음, TV에서 영화를 해. 재미있을 것 같아.
B: 그거 보는 게 낫겠다. 달리 할 일도 없어.
해설_ might as well이 와야 '~하는 것이 나을 것이다'라는 의미가 되어서 문맥과 어울린다.
정답_ (d)

11.
해석_ 다치지 않은 승객들이 거의 없었다.
해설_ 주어와 동사의 수일치, 주절과 종속절의 시제가 일치하여야 한다.

정답_ (a)

12.
해석_ 스칸디나비아의 국가에서 가전제품은 잘 작동하고 예쁘게 보이도록 고안되었다.
해설_ both A and B의 구문의 병렬구조이므로 to look beautiful이 적절하다.
어휘_ Scandinavia 스칸디나비아(지명) household goods 가전제품 devise 고안하다 function 기능하다, 작동하다
정답_ (b)

13.
해석_ 경찰은 그 사건과 관련되어 지금까지 20건이 넘게 구속하였다.
해설_ The police는 집합명사로 복수동사를 사용하여야 하며 '지금까지'라는 부사구와 문맥의 흐름이 자연스러운 현재완료형이 들어가야 한다.
어휘_ so far 지금까지
정답_ (a)

14.
해석_ 고객이 질문을 했을 때, 사장은 그것에 대해 협의에서 이야기 할 것이다.
해설_ 시간이나 조건의 부사절은 내용은 미래이지만 현재시제로 표현한다. 따라서 will have가 아닌 have가 되어야 한다.
정답_ (d)

15.
해석_ A: 오늘날 너무 많은 종이들이 사용되어 우리는 점점 산림을 잃어가고 있어.
B: 네 말이 맞아.
해설_ 수동의 의미가 되면서 시제는 현재가 되어야 한다. 따라서 is used를 사용해야 한다.
정답_ (a)

16.
해석_ 우리의 인생을 가치 있는 행동, 감정, 그리고 생각에 바칩시다.
해설_ let은 사역동사이므로 us 다음 목적보어자리에 원형부정사 devote가 와야 한다.
정답_ (c)

17.
해석_ 다양한 의류가 백화점에 전시되었다.
해설_ 집합명사로 불가산명사이므로 복수형을 사용하지 않으며 단수 취급한다. 주어가 사물로 수동태로 표현해야 한다.
어휘_ clothing 의류 variety 다양한 display 전시하다, 보여주다
정답_ (b)

18.
해석_ 젊은이들은 타인의 약점을 너무 쉽게 보아서 그들이 존경할 만한 사람이 없다.
해설_ 문맥의 흐름상 능동형을 사용해야 올바르며, 의미가 알맞은 조동사는 can이 적합하다.
정답_ (d)

19.
해석_ TV가 널리 알려졌을 때 많은 사람들은 그것이 라디오의 마지막일 것이라고 생각했으나 그렇지 않았다.
해설_ 앞에 나온 동사를 대신 받는 동사를 대동사라 하며, 이 문장에서는 be동사를 대신 받는 동사이기에 wasn't가 되어야 적절하다.
정답_ (d)

20.
해석_ 우린 파티에 갈 수 있지만 존은 못 간다.
해설_ can go와 can't go의 상반된 내용을 연결하려면 but이 적절하며, 병렬구조로 쓰여야 한다.
정답_ (c)

21.
해석_ A: Smith 여사 계십니까?
B: 그녀는 잠시 편집 위원회 미팅에 참석 중입니다. 무엇을 도와드릴까요?
A: 저의 책 진행 상태를 알고 싶습니다.
B: 네, 제가 당신의 파일을 보겠습니다. 저희는 그것을 다음 주에 출판을 시작할 예정입니다.
해설_ let은 사역동사로 원형부정사를 목적보어로 취한다. to check → check
정답_ (d)

22.
해석_ A: 안녕, Peter. 카메라를 가지고 오는 것을 잊어버렸어.
B: 음, 괜찮아. 내가 사무실에서 하나 가져갈 수 있어.
A: 내가 필름을 사야 하니?
B: 아니, 그건 디지털 카메라야. 이봐, 하지만 품절되기 전에 그 밴드의 티서츠 두 장을 사는 것을 잊지 마. 이것은 그들의 마지막 콘서트야.
해설_ 시간, 조건의 부사절에서는 현재시제가 미래를 대신한다.
정답_ (d)

23.
해석_ A: 가르치고 배우는 과정의 특징은 무엇입니까?
B: 이 방법은 학생들이 최대한 편안하게 느끼는 한 교실에서 이루어집니다. 이상적으로는 편안한 의자, 부드러운 조명 그리고 음악은 편안한 환경 조성에 모두 기여를 합니다.
A: 언어의 어떤 영역이 중요합니까?
B: 어휘가 중요합니다. 문법도 분명히 다루어집니다만 최소화

됩니다. 의사소통이 중요합니다.
해설 주어인 the method는 conducted 되어지므로 수동태를 사용한다. conducted → is conducted
정답 (b)

24.
해석 (a) 윤리란 어떻게 행동할 것인가 선택하는 것을 우리가 인식하는 것에서 시작된다. (b) 예를 들면, 우리는 진실을 말하거나 거짓말을 말할 수 있다. (c) 이런 두 가지 가능성이 우리에게 선택으로서 주어진다. (d) 우리는 우리의 행동들을 통제할 수 있기에 어떤 하나를 할 수 있다.
해설 be capable of -ing의 구문이다. do → doing
정답 (d)

25.
해석 (a) 한 시민이 한 대통령 후보에게 찬성표를 던질 때, 사실상 예측을 합니다. (b) 경쟁자들 중에서 최고의 대통령이 되리라고 생각(혹은 느끼거나, 혹은 추측)하는 한 사람을 선택합니다. (c) 거의 완전한 불확실한 상황 속에서 투표를 합니다. (d) 오랜 투표 역사를 가졌다면, 그는 잘못 선택했을 때를 되풀이해서 회상할 것입니다.
해설 '~로 부터 선택하다'라는 표현은 choose from으로 써야 한다. among from → from among
어휘 vote for 찬성표를 던지다
정답 (b)

Chapter 05 가정법

Simple Check-1

Type A
1.
해석 우리가 즉각 행동해야 한다고 제안되었다.
해설 주절에 명령, 주장, 제안동사가 사용된 문장에서의 종속절의 동사는 should + 동사원형 이나 should가 생략된 동사원형이 사용된다. should act나 act로 써야 한다.
정답 (should) act

2.
해석 만일 내가 그를 찍는 것을 반대했더라면, 그는 사임했을 것이다.
해설 종속절이 had voted의 가정법 과거완료이기에 주절에도 가정법 과거완료로 써야 한다.
정답 have had to

Type B
1.
해석 만일 내가 그의 이름을 알았더라면, 그를 찾을 수 있었을 텐데.
해설 조건절의 시제와 주절의 시제가 일치하여야 한다.
정답 have known → had known

2.
해석 만일 내가 너라면, 그를 도울 텐데.
해설 be동사는 인칭에 상관없이 were를 쓴다.
정답 was → were

Simple Check-2

Type A
1.
해석 만일 네가 좀 더 빨리 걷지 않으면, 너는 버스를 놓칠 것이다.
해설 문맥의 의미상 unless가 알맞다.
정답 Unless

2.
해석 어제 날씨가 좋았더라면 우리는 농구 경기를 할 수 있었을 텐데.
해설 가정법 과거완료의 주절의 형태로 조동사 과거 + have + p.p.
정답 could have

Type B
1.
해석 만일 그녀가 열심히 일했었더라면, 그녀는 지금 부유할 텐데.

해설_ 조건절과 주절 모두 가정법 과거완료의 형태이지만 뒤에 **now**라는 부사가 있으므로 주절은 현재사실의 반대되는 가정법 과거 형태로 써주어야 한다. 혼합가정법의 형태이다.
정답_ would have been → would be

2.
해석_ 내가 학생시절에 공부를 더 열심히 했었더라면 좋았을 텐데.
해설_ **I wish** 가정법에서는 직설법의 시제를 감안해서 시제를 적용한다.
정답_ should study → had studied

Basic Practice

1.
해석_ A: 너는 왜 그 보고서에 그렇게 열심이니?
　　　 B: 선생님이 오늘 중으로 끝내라고 했어.
해설_ 제안, 요구 의미의 동사 뒤에는 **that**이 나오고 주어 뒤에 (should) + 동사원형이 되어야 한다.
정답_ (c)

2.
해석_ A: 난 대학원을 지원할지 직장을 구할지 잘 모르겠어.
　　　 B: 내가 네 입장이라면, 난 대학원에 지원하겠어.
해설_ 가정법 과거(현재 사실의 반대)의 **be**동사는 인칭 수에 관계없이 **were**를 쓴다.
어휘_ apply to 지원하다
정답_ (a)

3.
해석_ A: 당신 생각에 주식을 팔아야 할 시기 같나요?
　　　 B: 내가 당신이라면 그런 가능성은 고려하지 않겠어요.
해설_ **if**절에서는 수에 상관없이 **was** 대신에 **were**를 사용한다.
정답_ (d)

4.
해석_ A: 그렉은 그의 새 차를 좋아하지 않아.
　　　 B: 그의 차가 불량품이라면, 그는 환불을 요구할 수 있을 거야.
해설_ 가정법 현재이므로 **is**를 사용한다.
어휘_ lemon 불량의
정답_ (c)

5.
해석_ A: 삼손 컴퍼니에 대한 소식 들었어?
　　　 B: 네, 그곳의 최고 경영자가 감옥에 간다면 주식 가격이 분명히 떨어질 거예요.
해설_ **if**절에서는 미래형을 쓰지 않고 현재형을 쓴다.
정답_ (b)

6.
해석_ A: 이 파일을 다운로드하는 것은 시간이 많이 걸리네.
　　　 B: 네가 브로드 밴드를 가지고 있으면, 그 프로그램을 다운로드하는 데에 시간이 몇 초 이상은 걸리지 않을 텐데.
해설_ 가정법 과거시제를 사용해야 하는 경우이다. 따라서 단순한 **had**를 사용하면 된다.
정답_ (d)

7.
해석_ 그가 배가 고팠더라면, 틀림없이 그것을 먹었을 것이다.
해설_ 가정법 과거완료에서 **if**를 생략한 형태를 사용해야 한다.
정답_ (a)

8.
해석_ 그 문제를 잘 분석해보면 해결책이 나올 것이다.
해설_ 가정법 현재의 조건절이므로 동사원형이 들어가야 적절하다.
정답_ (b)

9.
해석_ 우리가 칠레로부터 3년 전에 기술과 재정적인 도움을 받았다면 우리는 현재 도밍고 연안에서 고기를 잡을 수 있을 텐데.
해설_ 혼합가정법의 문장으로 현재를 표현하는 부사인 **now**가 있으므로 **could produce**가 되어야 적절하다.
정답_ (b)

10.
해석_ 백년에 한 번 별이 하늘에 나타난다면, 사람들은 얼마나 그 아름다움에 경탄할 것인가.
해설_ 가정법 과거의 **if**절에 '**were to~**'를, 주절에는 '**would + 동사원형**'을 쓴다.
정답_ (d)

11.
해석_ 우리는 우리가 아는 사람들에 대해서는 매우 친절하지만 모르는 사람들에게는 딴 사람이 된 것처럼 냉담하다고 한다.
해설_ **as if** 가정법이므로 현재 사실의 반대일 경우에는 가정법 과거를 사용하여 **as if we were~**가 되어야 한다.
정답_ (c)

12.
해석_ 만일 당신이 휴가나 출장 때문에 다른 도시나 국가에 간다면 당신은 아마도 여행자 수표를 가져가기를 원할 것이다.
해설_ **if**절과 주절의 시제가 가정법 과거로 일치해야 하므로 **went**를 쓴다.
정답_ (a)

13.
해석_ A: 무엇을 도와드릴까요?
　　　 B: 네. 내 아들 생일을 위한 선물을 하나 사고 싶습니다.

A: 만약 그가 스포츠를 좋아한다면, 야구공 하나와 방망이가 좋을 것 같은데요.
B: 네, 그는 야구광이에요.
해설 If 이하가 과거나 과거동사를 쓰지 않았기에 빈칸에도 일반적 의미의 추측을 나타내는 어휘가 온다. would → might
정답 (c)

14.
해설 (a) Newton은 처음으로 빛은 색이 없다고 지적했다. (b) 그 결과 색깔은 우리의 두뇌 속에서 발생하는 것이어야 한다. (c) 그는 "빛의 파장 그 자체는 색깔이 없다."라고 말했다. (d) 그가 살던 시대 이후로 우리는 빛의 파장이 다양한 진동의 주파수로 특징지어진다고 알아왔다.
해설 수동태 문장이므로 과거분사가 들어가야 적절하다. characterizing → characterized
어휘 neurochemical 신경 화학의
정답 (d)

15.
해설 (a) 현대 음악 작곡가가 당신이 선망하는 첫 번째 영웅일까? (b) 만일 당신이 대부분의 사람들과 같다면, 이 질문에 대한 대답은 "아니오." 이다. (c) 현대의 미술이나 음악의 세계는 사람들에게 인간의 성취를 반영하는 작품들을 제공하는 데 실패한 것 같다. (d) 그래서 사람들은 현대 예술에 흥미를 잃어버리고 그들의 본보기로 삼을 수 있는 대상을 찾아 스포츠 스타나 다른 인기 있는 인물들에게 돌아서고 있다.
해설 가정법 현재이므로 동사의 현재형이 들어가야 적절하다. were → are
어휘 masterpiece 명작, 걸작 figure 인물, 저명인사
정답 (b)

Chapter 06 동명사와 부정사

Simple Check-1

Type A
1.
해석 우리는 해외로 여행하기를 희망한다.
해설 '미래' 관련 의미의 동사들은 뒤에 동명사를 목적어로 받지 못한다.
정답 to travel

2.
해석 그는 그렇게 말하지 않았다고 한다.
해설 동명사를 목적어로 취하는 동사이다.
정답 having

Type B
1.
해석 그들은 그 문제를 토론하고자 하지 않았다.
해설 to부정사를 목적어로 취하는 동사이다.
정답 discussing → to discuss

2.
해석 나는 편지를 쓸까 생각하고 있다.
해설 동명사를 목적어로 취한다.
정답 to write → writing

Simple Check-2

Type A
1.
해석 가난하기 때문에, 나는 그 차를 살 수가 없다.
해설 'be equal to -ing'라는 동명사 관용어구이다.
정답 buying

2.
해석 만나 뵙기를 학수고대 하고 있습니다.
해설 'be looking forward to -ing'라는 동명사 관용어구이다.
정답 seeing

Type B
1.
해석 나는 이유 없이 체벌을 받는 것에 반대한다.
해설 object to -ing의 동명사 관용어구이다.
정답 be → being

2.
해석_ 그들은 숲속에서 분명한 길을 찾는데 어려움을 겪었다.
해설_ have difficulty (in) -ing = be difficulty with + 명사
정답_ with 제거

Basic Practice

1.
해석_ A: 오늘밤 뭘 할 거야?
　　　B: 나는 수영을 할 거야.
해설_ '~하러 가다'가 되면 go -ing 형태가 되어야 한다.
정답_ (d)

2.
해석_ A: 나는 그를 피하기 위해 길을 건넜지만, 그가 나를 보고 나에게 뛰어왔어.
　　　B: 네가 그를 못 본체 했던 것도 쓸모없었구나.
해설_ It is no use -ing 즉, '..할 필요가 없다'를 묻는 문제이다. pretending이 되어야 한다.
정답_ (a)

3.
해석_ A: 그녀가 말하기를 혼자 사는 것이 걱정이 된대. 그래서 개를 키워 보는 것이 어떻겠느냐고 얘기해줬지.
　　　B: 좋은 생각이야. 그것이 그녀에게 큰 도움이 될 거야.
해설_ suggest는 동명사를 목적어로 취하는 동사이다.
정답_ (a)

4.
해석_ A: 그렇게 많이 결석하고도 시험에 붙을 거라고 생각하니?
　　　B: 결석은 많이 했지만, 나는 시험에 준비가 되어 있어.
해설_ expect 다음에는 to부정사가 와야 한다.
정답_ (d)

5.
해석_ A: 어째서 요리사가 되기로 결심했니?
　　　B: 요리하는 것을 좋아하니까.
해설_ decide 뒤에는 to부정사가 와야 한다.
정답_ (d)

6.
해석_ A: 동시 통역사가 되는 것에 대하여 이제껏 생각해 본적이 있나요?
　　　B: 전혀요. 왜요? 내가 될 수 있다고 보세요?
해설_ consider는 동명사를 목적어로 취하는 동사이다.
어휘_ simultaneous interpreter 동시 통역사
정답_ (d)

7.
해석_ 그들은 거래자들이 외상으로 물건을 파는 것을 금하게 했다.
해설_ stop 뒤에는 -ing가 와서 '..을 금하게 하다'의 의미가 된다.
어휘_ trader 거래자 on credit 외상으로
정답_ (c)

8.
해석_ 너는 왜 지시를 따르는 것에 반대하느냐?
해설_ object to 다음에는 동사원형이 아니라 동명사가 와야 한다.
어휘_ object to ~에 반대하다 follow direction 지시를 따르다
정답_ (a)

9.
해석_ 사람들은 그들이 먹을 수 있는 것과 먹을 수 없는 것을 결정하는데 있어서 매우 논리적이지 못하게 된다.
해설_ try는 목적어로 to부정사와 동명사를 둘 다 취할 수 있다. to부정사가 올 경우에는 '~을 시도하다'의 의미이며, 동명사가 올 경우에는 '시험 삼아 한번 해보다'의 의미이다.
정답_ (a)

10.
해석_ 누구도 그의 정확한 기록 관리를 의심하지 않았다.
해설_ 문장의 주어가 될 수 있는 동명사가 들어가야 적절하다.
어휘_ keep record 기록을 관리하다 question ~임을 의심하다
정답_ (a)

11.
해석_ 만약 당신이 인터넷 서핑을 한다면, 당신은 인터넷에서 어떤 것들을 찾아보는데 시간을 보내는 것이다.
해설_ spend 다음에는 -ing가 와야 하고 and를 중심으로 병렬 구조가 되어야 한다.
어휘_ drill 구멍 뚫다, 반복 연습시키다 surf 웹서핑을 하다(인터넷에서 정보검색 하는 것을 일컫는 말)
정답_ (a)

12.
해석_ 유년기와 어린 시절에 우정을 사무치게 만드는 것은 우리가 가정 생활의 야만적 내향 상태로부터 구출하기 위해서는 선택된 동료가 필요하기 때문이다.
해설_ in order to(~하기 위해서) 다음에는 동사원형이 와야 한다.
어휘_ poignant 사무치는 comrade 동료 rescue 구출하다 gothic 고딕양식의, 야만적인
정답_ (c)

13.
해석_ A: 한국어 공부는 잘 되어가니?
　　　B: 잘 돼 가고 있어, 하지만 우리는 존댓말 공부를 시작할거야. 그건 어려워 보여.
　　　A: 영어에도 존댓말이 있니?

B: 그래, 있지, 하지만 방식이 달라.
해설_ be going to 다음에는 동사원형이 와야 한다. start 다음에는 -ing가 와야 한다.
정답_ (b)

14.
해설_ A: Lotis, 너는 왜 그리 화가 났니?
B: 음, Andy. 네가 돌아와 기뻐. 나는 내가 무엇을 해야 할지 모르겠어. 나는 집을 청소하고 있었고 우리가 너의 가족으로부터 결혼선물로 받은 크리스털 병을 깨뜨렸어.
A: 이봐. 엎질러진 물에 후회하지 마.
B: 하지만, 화가 날 수밖에 없어. 그 물병은 우리 둘에게는 매우 감상적인 가치가 있는 거야.
해설_ can't help -ing의 동명사의 관용 어구를 묻는 문제이다. 따라서 being으로 쓰여야 한다.
정답_ (d)

15.
해설_ (a) 독서는 복잡한 형태의 정신 활동을 필요로 한다. (b) TV를 보는 것은 복잡한 정신 활동을 요하지 않는다. (c) 독서는 상상력을 개발시키고 내적 시각화(구체화)시킨다. (d) TV 시청은 시청자의 상상력의 활동을 제한한다.
해설_ 단수명사인 경우에는 단수동사를 사용한다. limit → limits
어휘_ visualization 시각화, 구체화 controllable 통제 가능한
정답_ (d)

Chapter 07 관사와 명사

Simple Check-1

Type A
1.
해석_ 이것은 놓치기에는 너무 좋은 기회이다.
해설_ so, too + 형용사 + a + 명사
정답_ good a

2.
해석_ 우리 학교의 모든 학생들이 그 선생님을 좋아한다.
해설_ all, both, double + the
정답_ All the

Type B
1.
해석_ 많은 사람들이 같은 경험을 한다.
해설_ 'many a + 단수명사 + 단수동사'로 쓰인다.
정답_ A many → Many a

2.
해석_ 그 책 두 권 모두 감동적이다.
해설_ all, both, double + the
정답_ The both → Both the

Simple Check-2

Type A
1.
해석_ 모든 마을사람들은 그 소식을 듣고 기뻐했다.
해설_ 구성원일 때는 복수 취급한다.
정답_ were

2.
해석_ 그 가족은 결코 그들 자산의 분배에 동의하지 않았다.
해설_ family의 소유격은 their을 사용한다.
정답_ their

Type B
1.
해석_ 그 오래된 집에는 세 가족이 살았다.
해설_ 집합명사는 단체를 나타내는 경우는 보통명사처럼 사용한다.
정답_ family → families

2.
해석_ 그녀의 스태프들은 다양한 문제들에 직면해 있다.
해설_ staff가 구성원 개개인을 나타내므로 복수 취급해야 적절하다.
정답_ is → are

Basic Practice

1.
해석_ A: 과자 드릴까요?
　　　 B: 고맙습니다.
해설_ 가벼운 간식거리는 a light snack이 되어야 한다.
정답_ (a)

2.
해석_ A: 집을 사기에 좋은 시점은 아니야. 불경기가 이미 시작되었다는 것을 알거야.
　　　 B: 맞아. 우리가 결정을 내리기 전에 다른 어떤 것을 고려해야 하지?
해설_ 일반적 의미의 시간은 time이 쓰이고 불가산명사로 취급된다. 그러나 '기회'의 의미에서의 time은 가산명사로 취급해야 한다.
정답_ (b)

3.
해석_ A: Helen의 자전거를 고칠 수 있어요? 타이어가 펑크 났는데.
　　　 B: 네, 알아요. 그녀가 나에게 말했죠. 저는 그것을 내일 수리할 겁니다.
해설_ tire는 가산명사로서 a가 붙어야 한다.
어휘_ flat (타이어가) 펑크 난
정답_ (d)

4.
해석_ A: 훌륭한 영화야, 그렇지 않니?
　　　 B: 그렇게 생각해? 나는 지루했는데.
해설_ 일반적인 영화 중 하나를 가리키므로 부정관사를 쓰는 것이 적절하다.
정답_ (c)

5.
해석_ A: 난 강아지가 걱정돼.
　　　 B: 응, 강아지가 2일 동안 아무 것도 안 먹었어.
해설_ 대화 내용으로 보아서 특정한 강아지를 가리키고 있으므로 정관사 the를 쓴다.
어휘_ worry about ~을 염려하다
정답_ (d)

6.
해석_ A: 11번 가에 있는 새로운 빵집을 아니?
　　　 B: 그 새로운 빵집은 문을 닫았는데 가게를 유지할 만큼 충분한 손님이 오지 않았기 때문이야.
해설_ enough가 형용사로 쓰일 때는 명사 앞에 나와야 한다.
정답_ (c)

7.
해석_ 한국은 5년 단위로 경제 개발 계획을 수립한다.
해설_ 'a + 명사 + 명사(복합명사)'의 구문을 묻고 있다.
정답_ (a)

8.
해석_ 대부분의 장비들이 화재로 타버렸지만 건물 자체는 그렇지 않았다.
해설_ Most가 '대부분'을 나타낼 때는 정관사 없이 사용하며, 불가산명사인 equipment는 복수형을 사용하지 않는다.
어휘_ equipment 비품   itself ~자체
정답_ (a)

9.
해석_ 우리는 지난 주 이래로 많은 소식을 듣지 못하고 있다.
해설_ news는 불가산명사이기에 a가 붙을 수도 없고, '많다'의 의미가 되어도 much가 되어야 한다.
정답_ (a)

10.
해석_ 파티에 참석하는 것을 무지 싫어하는 나였지만, 나는 정보를 얻기 위해 어쩔 수 없이 댄스 파티에 참석하게 되었다.
해설_ 추상명사인 information은 불가산명사이므로 복수의 개념을 나타낼 때는 앞에 some이나 단위명사 piece 등과 같이 써야 한다.
정답_ (b)

11.
해석_ 이 세상의 그 지역에는 많은 물이 있지 않다.
해설_ water는 불가산명사로서 '많은'의 의미가 될 때는 much를 써야 한다.
정답_ (a)

12.
해석_ 나는 우리 가족이 새 아파트로 이사하기 전에, 내 개인 물건들을 포장했다.
해설_ belongings는 명사로 '소유물'을 의미한다.
어휘_ belongings 소유물, 소지품   personal 개인적인
정답_ (c)

13.
해석_ A: 나는 오늘밤 파티에 새로운 요리를 할 거야.
　　　 B: 정말? 어떤 거야?
　　　 A: 그건 비밀이야. 하지만 나는 너의 도움이 필요해.

B: 그래. 내가 어떻게 도와줄까?
해설_ 두 사람 중 한 사람만이 알고 있는 비밀을 의미하므로 부정관사를 쓰는 것이 옳다.
정답_ (c)

14.
해석_ (a) 그림을 원상으로 복귀시키는 사람들은 그들의 기술이 고도로 훈련되어 있다. (b) 그러나 그 작품을 갖고 어떻게 해야 하는가를 정확하게 알기 위해서는 원래의 화가가 되어야 할 것이다. (c) 먼지를 제거하는 것과 같은 작품의 기술적인 면은 아주 간단하다. (d) 중요한 것은 어떤 그림을 한 예술가의 원래 의도대로 복귀시키는 것이다.
해설_ 내용상 일반적인 그림을 가리키므로 정관사를 쓰는 것은 어색하다.
어휘_ **restorer** 원상으로 복귀시키는 사람 **at hand** 가까이에 **technical** 전문적인, 기술적인 **straightforward** 간단한, 수월한 **leave it as it is** 그대로 놔두다 **coherent** 응집성의, 긴밀히 결부된 **fake** 모조품, 가짜
정답_ (d)

15.
해석_ (a) 텔레비전이 도래한 이후로 소설이 이미 죽지는 않았다 하더라도 죽어가고 있다는 소문이 있어 왔다. (b) 사실 전자 매체와 컴퓨터 게임이 더 영향력을 갖게 됨에 따라 인쇄 지향적인 소설가들은 사라질 운명에 처한 것처럼 보인다. (c) 요즈음 많은 젊은이들은 책을 읽는 것보다 인터넷을 검색하는 것을 더 좋아한다. (d) 그리고 종종 그들이 찾는 것은 심원한 지식이라기보다는 빠른 정보이다.
해설_ **information**은 불가산명사이므로 복수형이 없다.
어휘_ **print-oriented** 인쇄지향적인 **be doomed to** 할 운명이다 **electronic media** 전자 매체 **surf** 검색하다 **not so much A as B** A라기보다는 B
정답_ (d)

Chapter 08 대명사

Simple Check-1

Type A
1.
해석_ 그들은 광고와 판매 방식에 있어 사랑, 힘, 영향, 기본 가치들, 신념들과 견해들에 대한 사람들의 요구를 고려한다.
해설_ they와 호응을 이룰 수 있는 복수대명사 their를 사용해야 한다.
정답_ their

2.
해석_ 사람들은 그들이 검은 고양이가 정말로 고양이인지 또는 사악한 계획을 꾸미기 위해 둔갑한 마녀인지 구별할 수 없을 것이라고 믿었다.
해설_ 주어와 목적어가 동일할 때, 목적어 자리에는 재귀대명사를 사용한다. disguising의 의미상의 주어가 a witch이며 '분장하는 자신'인 disguising의 목적어도 a witch이기 때문에 재귀대명사 herself를 사용해야 옳다.
정답_ herself

Type B
1.
해석_ 산악 등반가들은 물을 끓여서 그 온도를 측정함으로써 자신들의 고도를 어림잡을 수 있다.
해설_ possible은 원칙적으로 사람주어를 사용할 수 없다. 또한, 뒤에는 진주어인 to부정사와 의미상의 주어인 for mountain climbers가 있기에 가주어를 사용해야 옳다. 따라서 They are는 It is possible로 고쳐야 적절하다.
정답_ They are → It is

2.
해석_ 당신 꿈속의 형상들은 당신이 그 의미를 이해하기 어려운 낯선 방식으로 그 형상들을 보여준다.
해설_ 주어와 목적어가 동일할 경우에 목적어자리에는 일반대명사가 아닌 재귀대명사를 사용한다. 본문에서 images의 주어와 them은 동일하기 때문에 them은 themselves가 되어야 옳다.
정답_ them → themselves

Simple Check-2

Type A
1.
해석_ 한 아이에게 가장 좋은 방식이 다른 아이에게도 그대로 적용되지는 않을 것이다.

해설_ 두 개의 범위가 존재하지 않을 경우에는 한 개는 **one**, 그리고 다른 한 개는 **another**를 사용해야 한다.
정답_ another

2.
해설_ 이상하게 들리겠지만 손실을 입을 것으로 예상되는 책을 받고 오히려 더 쉬운 이윤을 가져다 줄 수 있는 것들은 거절하는 회사들도 있다.
해설_ other은 다른 단수명사를 단독으로 수식할 수 없다.
정답_ another

Type B
1.
해설_ 점점 더 증가하고 있는 온실효과와 같은 문제 속에서 하나의 국가나 지역은 다른 국가나 지역이 고통을 겪고 있는 동안 (오히려)혜택을 누릴 수도 있다.
해설_ 부정대명사 관련 문제이다. 두개의 범위가 정해져 있을 경우에는 **one ~ the other ~**를 사용하며, 여러 가지가 있을 경우에 한개는 **one** 그리고 다른 또 한 가지는 **another**를 사용한다. 따라서 본문에서는 두개의 국가의 범주가 정해져 있지 않기에 **the other**가 아닌 **another**를 사용해야 옳다.
정답_ the other → another

2.
해설_ 만일 또 다른 전쟁이 발생한다면, 한국은 심각한 위험에 처하게 될 것이다.
해설_ other는 다른 단수명사를 단독으로 수식할 수 없다.
정답_ other → another

Simple Check-3

Type A
1.
해설_ 우리는 아마도 현재의 몇몇 윤리 규범과 종교적 관습을 다가올 시대에는 미개한 것으로 고려할 지도 모른다.
해설_ 긍정문이므로 **some**을 사용한다.
정답_ some

2.
해설_ 내 친구 누구도 이 문제를 풀 수 없었다.
해설_ never는 빈도부사로써 조동사와 일반동사 사이에 위치하는데 문두에 위치할 때는 이를 부정어 도치라 하고 주어, 동사의 순서를 바꾼다. 부정문이므로 **any**가 적합하다.
정답_ any

Type B
1.
해설_ 나는 다른 질문들이 있다.

해설_ '어떤'의 의미를 표현할 때 긍정문에서는 **some**을 쓴다.
정답_ any → some

2.
해설_ 그의 친구들은 모두 시험을 패스했다.
해설_ **all**, **both**, **double**, **half**는 한정사로써, 뒤에 나오는 정해진 명사를 수식한다.(all the students, both the students, double the price, half the price)
정답_ His both → Both his

Basic Practice

1.
해설_ A: 왜 그렇게 많은 책을 주문하고 있는 거야?
　　　　B: 보고서 (작성)에 필요해.
해설_ many books를 받는 대명사 **them**이 적절하다.
정답_ (b)

2.
해설_ A: 저는 이 셔츠를 반환하고 싶어요. 소매가 찢어졌어요.
　　　　B: 유감입니다. 당신은 그것을 다른 것과 교환하고 싶으십니까?
해설_ 막연하게 다른 하나이니 **another**가 되어야 적절하다.
정답_ (d)

3.
해설_ A: 안녕, Tom. 영화 재미있었니?
　　　　B: 그래, 너도 가서 꼭 보렴.
해설_ 질문에 나온 **the movie**를 대신 받는 대명사로는 **it**이 적당하다. **one**이나 **some**은 특정한 명사를 받을 때는 사용하지 않는다.
정답_ (a)

4.
해설_ A: 저는 당신이 여전히 저를 공항까지 태워다주길 원합니다.
　　　　B: 네, 그래요. 5시에 데리러 갈게요.
해설_ 시제는 일어날 일이므로 **will**이 알맞으며, '동사 + 부사'인 동사구에서 대명사는 동사구 사이에 위치한다.
정답_ (b)

5.
해설_ A: 제이크한테 무슨 문제 있어?
　　　　B: 우리끼리 비밀인데, 그 애는 제정신이 아니야.
해설_ '제정신이 아니다'의 의미의 재귀대명사는 **beside oneself**이다.
정답_ (d)

6.
해설_ A: 당신의 휴대폰을 써도 될까요?
　　　　B: 미안해요, 제 휴대폰은 착신만 가능합니다.

해설_ My phone은 소유대명사 mine으로 받을 수 있으며, 단수이므로 단수동사를 써야 한다.
정답_ (a)

7.
해석_ 그녀는 대부분의 일들을 다른 사람의 도움 없이 스스로 했다.
해설_ by herself는 '스스로'의 의미로 쓰인다.
정답_ (a)

8.
해석_ 코리안 가요 대상에서, 10명 가운데 3명은 상을 탔다. 그러나 나머지는 아무것도 타지 못했다.
해설_ 10명이 전체로 제시되어 있고, 상을 탄 3명 외에 나머지를 명확히 제시해줬기에 the를 써야 하고 복수이므로 others가 적절하다.
어휘_ award 상 competitor 경쟁자
정답_ (c)

9.
해석_ 최근에 생물학자들은 박쥐들에 관한 몇 가지 흥미로운 발견을 했는데 박쥐의 다양성을 강조한 것이었다.
해설_ 대명사는 그 대명사가 가리키는 명사를 찾아서 단수와 복수를 확인해야 한다. his가 가리키는 것은 bats가 되어야 하기에 복수대명사 their가 되어야 옳다.
정답_ (c)

10.
해석_ 모든 사람들의 지문은 다르며 세상에 다른 사람과 같은 지문을 가진 사람은 없다.
해설_ 막연한 의미에서의 다른 사람을 나타내고 있기에, others와 같은 의미를 갖는 anyone else가 적절하다.
어휘_ fingerprint 지문
정답_ (d)

11.
해석_ 체중을 줄이는 가장 효과적인 방법은 균형 잡힌 규정식을 섭취하는 것이다. 만일 규정식을 취하기를 원한다면, 적당한 규정식을 선택하기란 어렵기 때문에 의사와 상의해야만 한다.
해설_ 'it is 형용사 to' 형식으로 진주어·가주어 구문으로 표현한다.
어휘_ balanced 균형 잡힌 diet 식단 consult 상담하다 physician 의사
정답_ (b)

12.
해석_ 하나의 은하계는 수백만의 별들로 구성된 하나의 거대한 가족이다. 그리고 그것은 자신의 중력장에 의하여 함께 묶였다.
해설_ 대명사가 a galaxy(a giant family)를 가리키기에 단수대명사 its가 쓰여야 한다.

정답_ (d)

13.
해석_ A: 정말? 왜 내 티켓은 $850이고 너의 티켓은 $700인거야?
B: 왜냐하면 너는 나보다 오래 체류하잖아. 여행사에서 말하길 비행기 표 가격은 체류기간에 따라 달라진대.
A: 그래, 그래도 우리가 작년 모스크바에 갔을 때보다 티켓 가격이 싸네.
B: 그래, 그것들은 한 장에 $900이나 해서 비쌌지.
해설_ 대명사 수 일치 문제로 복수동사이므로 복수대명사를 사용한다. that → those
정답_ (d)

14.
해석_ (a) 이번 7월 15일 토요일에 캠벨 하드웨어사가 세 번째 연례 사내 친목회를 열고자 합니다. (b) 모든 임직원과 임직원 가족들이 다 참석할 수 있도록 해주십시오. (c) 바비큐 파티는 정오부터 오후 다섯 시까지 회사 주차장 뒤에 있는 공터에서 열립니다. (d) 햄버거, 핫도그, 감자 칩, 그리고 수박이 제공될 것입니다.
해설_ from A to B: A에서 B까지
정답_ (c)

15.
해석_ (a) 전 세계적으로 가장 대중적인 형태의 오락 중 하나인 영화는 예술임과 동시에 산업이다. (b) 즉 그것은 표현의 수단이며 돈을 버는 수단이기도 하다. (c) 이것이 상업 영화를 만드는데 이익이 충돌하는 사람들의 협조가 요구되는 이유이다. (d) 아마도 영화를 그토록 역동적이게 하고, 또한 내용과 질이 다양해지게 하는 것은 바로 이러한 긴장과 불안하지만 신나는, 예술과 산업의 결합일 것이다.
해설_ 방법이 아닌 이유가 서술되어 있으므로 how가 아니라 why가 적합하다.
정답_ (c)

Chapter 09 관계사

Simple Check -1

Type A

1.
해석_ 이것은 매일 짖는 개다.
해설_ 선행사가 동물이므로 which가 적절하다.
정답_ which

2.
해석_ 이것은 가격이 놀랄 만큼 높은 그림이다.
해설_ 소유관계 성립, of which의 어투가 딱딱하기에 whose를 쓰는 경우가 일반적이다.
정답_ whose

Type B

1.
해석_ 이것은 그녀가 살고 있는 집이다.
해설_ that은 계속적 용법으로 쓸 수 없다.
정답_ that → which

2.
해석_ 나는 네가 요청하는 어떤 것도 할 수 있다.
해설_ 선행사가 -thing으로 끝나는 명사이다.
정답_ which → that

Simple Check-2

Type A

1.
해석_ 그를 놀라게 한 것은 그녀가 결혼할 것이라는 소식이었다.
해설_ 관계대명사 what이 주어로 쓰일 때 대부분 단수로 받는다.
정답_ What

2.
해석_ 어느 쪽을 선택해도, 넌 만족하지 못할 것이다.
해설_ 양보의 부사절을 이끄는 경우에 No matter which(what, who, whom...)등으로 바꿀 수 있다.
정답_ Whichever

Type B

1.
해석_ 누구의 책을 네가 빌려주든지 난 잃어버리지 않을 것이다.
해설_ 소유격이 들어가야 하는 자리이다.
정답_ whoever → whosever

2.
해석_ 우리는 사람을 그가 가진 것으로 판단해서는 안 되고, 그의 인격으로 판단해야 한다.
해설_ not by A but by B: A에 의해서가 아니라 B에 의해서
정답_ is → has, has → is

Simple Check-3

Type A

1.
해석_ 이것은 그가 성공한 방식이다
해설_ 알맞은 관계부사는 the way + how이다.
정답_ how

2.
해석_ 나는 그 경기에 언제 끝나는지를 정확히 알 수 없다.
해설_ the time 다음에는 when을 쓴다.
정답_ when

Type B

1.
해석_ 나의 부모님은 내가 원하는 것을 주셨다.
해설_ 선행사와 관계대명사가 필요한 자리이므로 what이 적합하다.
정답_ that → what

2.
해석_ 당신이 어디로 숨던지 간에, 그녀는 분명히 당신을 찾을 겁니다.
해설_ 장소가 나오므로 No matter where를 의미하는 Wherever가 적합하다.
정답_ Whenever → Wherever

Basic Practice

1.
해석_ A: 무엇을 공부할까?
    B: 아무래도 괜찮아. 네가 좋을 대로 해.
해설_ '네가 좋을 대로 해라'의 의미가 와야 하기에 네가 좋은 모든 것의 의미를 가지는 whatever가 와야 한다.
정답_ (d)

2.
해석_ A: 현금인출기에 갔을 때, 내가 그 계산서를 지불할 만 한 돈이 없다는 것을 발견했어.
    B: 걱정하지마, 내가 돈을 빌려줄게.
해설_ 시간을 나타내는 관계부사절을 이끄는 When이 문맥의 흐름상 적합하다.

정답_ (b)

3.
해석_ A: 얼마나 많은 종류의 전갈이 있습니까?
B: 74종이 넘는 전갈이 있는데, 그것들 중 대부분은 인간에게 무해합니다.
해설_ 주격관계대명사의 계속적 용법으로 사물인 scorpion를 대신하여 관계대명사 which를 사용한다. most of + 대명사 : ~대부분은
어휘_ scorpion 전갈 harmless 무해한
정답_ (a)

4.
해석_ A: 오류가 생기는 주된 이유가 무엇입니까?
B: 관리자가 문제 해결하는데 저지르는 주요 실수는 주어진 문제점의 원인에 대해 쉽게 결론을 내려버린다는 것이다.
해설_ 관계대명사 that은 선행사가 사람이나 사물인 경우에 모두 쓰일 수 있다.
어휘_ commit 범하다
정답_ (a)

5.
해석_ A: 그녀는 살 곳을 찾았어?
B: 그녀는 지난주 일요일에 보았던 아파트를 임차하길 원해.
해설_ 선행사 the apartment를 대신하면서 문장을 연결해주는 관계대명사 which가 적합하다.
정답_ (d)

6.
해석_ A: 이 사진은 뭐야?
B: 이것은 내가 자라났던 집의 사진이야.
해설_ 관계사 where이 문맥의 흐름상 자연스럽다.
정답_ (a)

7.
해석_ Abstract expressionism은 추상적인 구조의 틀 안에서의 형태와 색을 강조한 1940년대의 미술 운동이었다.
해설_ 선행사의 파악이 이 문제에서는 중요하다. 여기에서는 art movement가 선행사가 된다.
어휘_ nonrepresentational 추상적인 (=abstract) form 형태 framework 틀, 구조 movement 움직임, 운동(문제에서는 학문적인 흐름/경향을 나타냄)
정답_ (c)

8.
해석_ 그들의 목표가 멸종 위기에 처한 동물을 돕는 것인 단체가 많이 있다.
해설_ 빈칸에는 소유격의 내용이 들어가야 한다. 따라서 사람이나 사물을 둘 다 쓸 수 있는 소유격의 관계 대명사 whose가 들어가야 한다.

어휘_ endangered 멸종위기의
정답_ (c)

9.
해석_ 모든 사람들의 행복과 성공은 사소한 일을 다루는 방법, 태도에 달려있다.
해설_ the manner가 선행사일 때는 관계사에 전치사가 결합이 된 in which가 되어야 한다.
어휘_ deal with ~을 다루다
정답_ (a)

10.
해석_ 대부분의 사람들은 혈압을 재는 것이 어떤 것인지를 알고 있다.
해설_ know의 목적절과 to이하의 진주어가 될 수 있는 내용이 필요하다. 따라서 명사절을 만드는 what과 it is의 요소가 결합이 되어야 한다.
어휘_ blood pressure 혈압
정답_ (a)

11.
해석_ 모든 동물들은 그들의 힘과 지능의 근원인 그들만의 자기력을 가지고 있다.
해설_ 사물이 선행사가 되면서 뒤는 불완전 문장이 되는 단순한 구조이다.
어휘_ magnetism 자기력
정답_ (d)

12.
해석_ 우리는 자유가 있으므로 좋은 것은 무엇이든 해도 좋다.
해설_ whatever, whoever, whichever와 같은 복합관계대명사(관계부사)는 선행사 포함 관계대명사이기에 선행사 뒤에 위치할 수 없다.
정답_ (a)

13.
해석_ A: 오늘 아침 무슨 문제 있어?
B: 나에게 문제가 있냐고? Mary, 미안해. 너의 말을 이해 못 하겠어.
A: 내 앞을 그냥 지나갔어. 나에게 한마디도 안 했어!
B: 정말? 어디서?
해설_ 선행사를 포함하는 관계대명사 what이 적합하다. that → what
정답_ (b)

14.
해석_ A: 천천히 가! 너는 너무 빨리 걷고 있어.
B: 이 봐! 빨리 걸어야 지방이 없어져.
A: 하지만 나는 너처럼 좋은 몸매는 아니야. 이것은 나의 첫 번

째 하이킹이야.
B: 우리는 아직 많이 걷지 않았어. 1km도 못 왔다고.
해설_ 비교급 구문이므로 that이 아닌 유사관계대명사 than을 사용해야 한다.
정답_ (d)

15.
해설_ (a) 모든 사회는 영웅을 필요로 하며 모든 사회는 영웅을 가지고 있다. (b) 어떤 영웅은 큰 역경과 마주칠 때 빛나며 어려운 상황에서 놀라운 공적을 해낸다. (c) 다른 영웅들은 우리들 대부분의 눈에 띄지 않게 조용히 자신의 일을 하지만 다른 사람들의 삶에 영향을 미친다. (d) 그들이 어떤 유형이든, 영웅들은 비범한 일을 해내는 이기심이 없는 사람들이다.
해설_ 관계대명사의 수일치를 묻는 문제로 복수동사가 와야 한다.
performs → perform
어휘_ adversity 역경, 불행 deed 행위, 공적
make a difference 영향을 미치다, 효과가 있다
selfless 사심 없는, 헌신적인 live on 남다
정답_ (d)

ACTUAL TEST 2

1.
해설_ A: 캐비어를 먹어본 적 있니?
B: 아니, 전혀 먹어본 적 없어.
해설_ 경험을 물어보는 것으로 현재완료 시제를 사용하며 부사 never는 have 뒤에 위치한다.
정답_ (c)

2.
해설_ A: Joe와 Carol은 서로 안지 얼마나 됐어?
B: 그들이 대학에서 만난 후로 서로 알고 지냈어.
해설_ since '~이래로 알았다'는 의미에 적합한 현재완료 시제를 사용한다.
정답_ (b)

3.
해설_ A: 내가 이 상품을 일본에서 살 수 있을까?
B: 당연하지. 우리의 제품은 16개국에서 판매되고 있어.
해설_ 지금 현재 수동적으로 팔리고 있다는 의미가 들어가야 한다. 따라서 is being marketed가 되어야 한다.
정답_ (c)

4.
해설_ A: 내가 영어를 잘했다면, 미국 드라마를 봤을 거야.
B: 내 생각인데 그냥 시도해봐.
해설_ 목적격이며 the American soaps를 대신 받을 수 있는 대명사 them을 사용한다.
정답_ (d)

5.
해설_ A: Tom은 왜 그 일에 지원하지 않았지?
B: 그가 잊어버렸을 수도 있지.
해설_ 문맥상 could have forgotten 이 들어가서 '아마도 잊은 모양이다'의 해석이 되어야 한다. one은 불특정한 사물을 받을 때 사용하므로 적절한 대명사는 it이 들어가야 한다.
정답_ (b)

6.
해설_ A: 쿡 씨가 뭐라고 말했니?
B: 그는 우리보고 더 이상 이 약한 숙녀를 괴롭히지 말라고 제안했다.
해설_ suggest의 종속절은 가정법 절이고 should + 동사원형 의 형태가 된다.
정답_ (a)

7.
해설_ A: 레트가 오늘 좀 이상한 행동을 한다.
B: 분명히 그는 여기 오기 전에 술을 좀 한 것 같다. 그렇지 않다면 그는 이렇게 행동하지 않았을 것이다.
해설_ 문맥에 알맞은 조동사를 선택하는 문제로 '~한 것이 틀림없다'의 의미를 가지는 must have p.p가 적합하다.
정답_ (a)

8.
해설_ A: 다른 곳에 가서 먼저 저녁부터 먹자.
B: 좋아 나는 정말로 저녁 먹으러 나가는 것을 좋아해.
해설_ enjoy는 동명사를 목적어로 취한다.
어휘_ go out 외식하러 나가다
정답_ (b)

9.
해설_ A: 이 도시에 대해 어떻게 생각하세요?
B: 공기 오염이 크게 감소되었기 때문에, 이 도시는 여전히 살기에 좋은 장소라고 생각해요.
해설_ place는 가산명사로서 부정관사 a가 와야 한다. 뒤에서 to부정사의 수식구가 올 때에는 the 장소를 쓰지 않고 그냥 a place를 써도 무방하다.
정답_ (a)

10.
해설_ A: 이 Tiffany 반지는 얼마입니까?
B: 그것은 $3,200입니다.
해설_ dollar가 1달러 이상이 되면 dollars가 되고 그 앞의 명사는 단수를 써야 한다.
정답_ (c)

정답_ (c)

11.
해석_ 그녀와 나는 둘 다 그 사고에 책임이 없다.
해설_ neither A nor B 의 경우 동사는 단·복수를 B에 일치한다.
어휘_ neither A nor B A, B 모두 ~ 하지 않다
정답_ (b)

12.
해석_ 우리 편지가 아직 도착하지 않았을 테니까, 오늘 답장을 기다려봤자 소용이 없다.
해설_ yet은 부정문에서는 '아직' 이라는 의미로 사용되며 미래완료 수동태 문장이 문맥에 적합하다.
정답_ (b)

13.
해석_ 프레드가 집에 올 때 쯤이면, 그의 아버지는 파리로 떠났을 것이다.
해설_ by the time 뒤의 말이니 시간과 조건의 부사절인 현재를 써야 한다.
정답_ (c)

14.
해석_ 이 식당은 라자냐로 유명하다. 백만 접시 이상이 팔렸다
해설_ 수동태를 묻는 문제이다. plates 즉, 접시는 스스로 serve하는 것은 아니고 serve되어지는 것이기에 수동태로 사용해야 한다. 그리고 백만 이상의 접시는 순간적으로 팔리는 것이 아니라, 오랜 세월을 두고 팔리는 것이기에 have been served를 사용해야 한다.
정답_ (d)

15.
해석_ 그 교수는 1970년대 프로 축구 선수였다고 알려져 있다.
해설_ be known 다음에는 to 부정사가 와야 한다. 의미는 '~라고 알려지다' 로 해석한다. 단, 지금 알려지는 것보다 선수였던 것이 앞의 시제이므로, to have been 시제를 사용해야 한다.
정답_ (c)

16.
해석_ 이것은 내가 생각했던 것만큼 쉽지 않다.
해설_ I thought는 일종의 삽입구가 되면서, '그러할 것' 이라는 것과 대비되게 would가 되어야 한다.
정답_ (a)

17.
해석_ 만일 내가 내 디너 마술쇼에서 그를 만날 수 있다면 모든 내 신비로움이 풀릴 것이다.
해설_ 종속절과 주절의 시제를 알맞게 사용하여야 하며, 주어가 사물이므로 수동태 문장을 사용한다.

18.
해설_ 만일 그 때 그녀의 주소를 알았더라면, 그녀에게 편지를 썼을 텐데.
해설_ 주절이 가정법 과거완료이기에 if절도 가정법 과거완료가 와야 한다.
정답_ (b)

19.
해설_ 다문화 환경에서 살고 있는 우리 소수자들은 우리 자신에게 근본적인 질문을 하게 된다.
해설_ **force**는 **to**부정사를 목적보어로 취하는 동사이다.
어휘_ **minority** 소수 **multi-cultural** 다문화
 fundamental 근본적인, 근원적인
정답_ (a)

20.
해설_ 어제의 도난 사건으로 가구가 몇 점 도난당하였다.
해설_ 물질명사인 **furniture**는 불가산명사이다. 따라서 **a**나 복수형이 붙지 않는다.
정답_ (b)

21.
해설_ **A:** 이봐, 한잔 어때?
 B: 고맙지만, 오늘밤은 안 돼.
 A: 와인 한잔만 하러 오지 않을래?
 B: 그러고 싶지만, 나는 오늘밤 당직 운전사야.
해설_ **would like to come** (오고 싶다)에서 **come**이 생략된 대부정사 **would like to**가 되어야 한다.
정답_ (d)

22.
해설_ **A:** 글쎄, 만약 내가 한 친구에게 스스럼없이 이야기한다면, 나는 "커피 한 잔 어때?"라고 말할 거야.
 B: 그리고 만약 네가 잘 모르는 사람과 이야기 한다면?
 A: 나는 "만약 네가 시간이 있다면, 나와 커피 한 잔 하시겠어요?"라고 말할 거야.
 B: 어허!
해설_ **would**는 공손하게 제안할 때 사용한다. **would like to** ~하고 싶다, **why don't** → **would**
정답_ (c)

23.
해설_ (a) 사업이나 직업의 세계에서 성공하지 못하는 사람들은 집중력이 낮은 사람들이다. (b) 인생에서 성공을 거둔 사람들 중 많은 사람들은 집중력이 좋다는 사실 덕택에 성공을 거두었다. (c) 만일 그런 사람이 예술가라면, 그는 집중력의 도움으로 멋진 예술 작품을 만들어 낼 수 있다. (d) 어떤 사람이 아무리 재능이 있다하더라도 집중력이 없다면 그는 그의 재능을 최대로 이용할 수 없을 것이다.

해설_ 의미상 가정법 현재형으로 쓰여야 적절하다. **could** → **can**
어휘_ **owe A to B** A는 B 덕분이다 **qualified** 자질이 있는
 make use of ~ ~을 이용하다
정답_ (c)

24.
해설_ (a) 식품을 구입하는 데 있어서 하나하나 모든 면에 주의를 기울이는 것이 중요하다. (b) 쇼핑을 빠르게 하려고 하지 마라. (c) 내 고향에서는 멜론을 만져보고 냄새를 맡아보지 않고 사는 사람은 아무도 없었다. (d) 그리고 닭고기가 어떤 농장에서 나왔고 무엇을 먹었는지를 모르고 닭고기를 구입하는 것은 아무도 꿈도 꾸지 않았다.
해설_ **to**부정사의 부정은 **to** 앞에 **not**을 쓴다. **to not** → **not to**
정답_ (b)

25.
해설_ (a) 많은 개발도상국의 몇몇 지역에서는 연못 근처에서 물을 얻는다. (b) 그 물은 깨끗하지 않지만 그들이 가진 전부이다. (c) 여자들과 아이는 양동이와 양철통에 물을 채워 집으로 가져간다. (d) 몇몇 나라에서는 길어온 물을 정수 필터에 통과시켜 좀 더 안전하게 만들기도 한다.
해설_ 대명사가 **buckets** 혹은 **cans**를 대신하니까 복수대명사가 적합하다. **it** → **them**
정답_ (c)

Chapter 10 형용사와 부사

Simple Check-1

Type A

1.
해설_ 그가 그녀의 충고를 따르다니 무척 현명하다.
해설_ 사람의 성격이나 성질을 나타내는 형용사를 고른다.
정답_ sensible

2.
해설_ 그 조사는 서로 다른 유닛의 협력을 필요로 했다.
해설_ a number of (many) + 복수명사
정답_ number

Type B

1.
해설_ 당신의 어머니가 두통을 호소하시는데 피아노를 치시다니 무척 사려 깊으시네요.
해설_ considerable 상당한 , considerate 인정이 많은, 사려 깊은
정답_ considerable → considerate

2.
해설_ 길에서 많은 학생들이 농구를 한다.
해설_ a number of는 many의 뜻을 지니고 있고 뒤에 복수동사가 온다.
정답_ is → are

Simple Check-2

Type A

1.
해설_ 내 남동생은 대게 잠자리에 늦게 든다.
해설_ late 늦은, lately 최근에
정답_ late

2.
해설_ 옆방의 소음이 너무 커서 내 방 라디오 소리를 거의 들을 수 없었다.
해설_ hard 열심히, hardly 거의~않다
정답_ hardly

Type B

1.
해설_ 그녀가 언제 집에 왔나요?
해설_ home은 부사로 전치사가 필요 없다.
정답_ in 삭제

2.
해설_ 나는 루마니아 어가 말하여지는 것을 들어본 적이 없다.
해설_ 부사의 위치는 조동사 뒤 일반동사 앞이다.
정답_ never have → have never

Basic Practice

1.
해설_ A: 그는 Bob의 형이야.
    B: 나도 그렇게 생각해. 그는 Bob과 꼭 닮았어.
해설_ Bob은 문장에서 목적어로 작용한다. 따라서 앞에는 전치사 like가 붙어야 한다.
정답_ (b)

2.
해설_ A: John은 항상 올바르게 대답했어?
    B: 그래, 그는 거의 항상 옳아.
해설_ '늘상'이라는 의미로서 almost나 right과 어울리는 것은 always이다.
정답_ (c)

3.
해설_ A: 얼마나 많은 책을 읽니?
    B: 나는 이 열 권의 얇은 책 모두를 읽었어.
해설_ 형용사의 어순과 관련이 되는 문제이다.
정답_ (c)

4.
해설_ A: 그는 최근 엄청 변했어.
    B: 나는 그의 행태에서 그렇게 급격한 변화는 예상하지 못했어.
해설_ 'so + 형용사 + a + 명사' = 'such + a + 형용사 + 명사'의 어순이 되어야 한다. 따라서, such a가 와야 한다.
정답_ (b)

5.
해설_ A: 그 집은 너무 낡았어.
    B: 낡았을지 몰라도, 그건 여전히 너무 아름다워.
해설_ '그 집은 너무 낡았다'는 표현에 동의 의사표시를 하는 것이 아니라, 반대의 이야기를 하는 것이기에 양보의 표현이 나와야 한다.
정답_ (b)

6.
해설_ A: 내 차를 수리해줄 수 있어요?
    B: 안돼요. 저는 차에 대해 아는 게 없어요.
해설_ few는 아주 적으면서도 어느 정도 있는 것을 말한다.

정답_ (c)

7.
해석_ 그들이 집에 돌아왔을 때, 영화는 거의 끝나가고 있었다.
해설_ 문맥상 (d)처럼 hardly는 올 수 없다. almost와 같은 빈도부사의 어순은 조동사 뒤, 본동사 앞이 되어야 한다.
정답_ (b)

8.
해석_ 그 의원은 너무 적은 돈이 교육을 위해 배정되었다고 하였다
해설_ '너무나도 적은'의 의미가 와야 문맥이 부드럽다. 그래서 too가 들어가야 한다.
어휘_ allocate (일, 이익)을 할당하다, 배정하다
정답_ (a)

9.
해석_ 최근의 경제 위기는 거의 대부분의 사람을 놀라게 하였다
해설_ everyone은 every one으로 나눠서 생각을 해야 한다. every는 형용사이므로 앞에 부사가 붙어야 한다.
어휘_ catch ~ by surprise ~을 놀라게 하다
정답_ (a)

10.
해석_ 우리는 종종 밤늦게까지 일한다.
해설_ 빈도부사는 동사 앞에 온다. 그리고 혼동되는 부사를 조심한다. late는 '늦게', lately는 '최근에'의 의미를 가진다.
어휘_ late 늦게 lately 최근에
정답_ (b)

11.
해석_ John은 사고에서 너무나 심하게 부상을 입어서 그가 회복하는 데는 1년 넘게 걸릴 것이다
해설_ so~that 구문이고 부사 badly가 injured라는 동사 앞에서 수식하고 있다.
어휘_ injured 부상을 입다
정답_ (c)

12.
해석_ 그것은 지속적으로 다른 무엇으로 변하는 과정 중이다.
해설_ '다른 무엇'의 의미가 되기 위해서는 something different가 되어야 한다.
어휘_ constantly 지속적으로   in process of 진행 중, ~의 진행 중에
정답_ (a)

13.
해석_ A: 이봐, Tony. 평소 주말에 뭐해?
B: 음, 보통 공부하지만, 때때로 영화를 보러가기도 해.
A: 어, 어… 그래, 나는 종종 영화관에 가지만 공부는 거의 안 해.
B: 그래, 나는 Greg만큼 열심히 공부하지는 않아. 그는 주말에 항상 공부를 하지. 그는 결코 외출을 안 해.
해설_ 알맞은 수량형용사를 묻는 문제로 much가 옳다. many → much
정답_ (d)

14.
해석_ A: 그녀의 드레스를 봐! 내 것이랑 똑같아! 다른 점이 없어.
B: 아니, 그렇지 않아. 네 것과 달라.
A: 그래?
B: 그래. 이것은 네 것보다 짧아.
해설_ 알맞은 비교급 형용사를 사용하는지를 묻는 문제로 2음절 이하의 어휘는 -er를 붙여서 사용한다. more short → shorter
정답_ (d)

15.
해석_ (a) 점들은 또한 미래를 예언해준다고 믿어진다. (b) 오른쪽 눈썹 위의 점은 그가 금전 운이 있을 것이고 성공적인 직업을 가질 것임을 의미한다. (c) 그러나 손에 있는 점이 가장 좋다. (d) 그것은 재능과 건강과 행복을 예측해준다.
해설_ 최상급 앞에는 the를 반드시 붙여준다. most → the most
어휘_ mole 점
정답_ (c)

Chapter 11 분사와 분사구문

Basic Exercise-1

Type A
1.
해석_ 그가 벌새들처럼 밝은 빛깔의 옷을 입고 있었다면, 적들이 쉽게 그를 발견했을 것이다.
해설_ 수동의 의미이므로 과거분사가 들어가야 한다.
정답_ colored

2.
해석_ 미국에서 사용되는 300여개 이상의 언어 가운데 그들은 다섯 개다.
해설_ 수동의 의미이므로 과거분사가 들어가야 한다.
정답_ spoken

Type B
1.
해석_ 돈이 없었기 때문에, 그녀는 그것을 살 수 없었다.
해설_ 주절과 종속절의 주어가 일치한다.
정답_ Had → Having

2.
해석_ 그녀의 아버지가 아팠기 때문에 그녀는 즉시 시작할 수가 없었다.
해설_ 주절의 주어와 종속절의 주어가 다를 때에는 주어를 그대로 쓰고 동사를 분사구문으로 바꾼다.
정답_ is → being

Simple Check-2

Type A
1.
해석_ 날씨가 좋아서, 그녀는 산책을 나갔다.
해설_ 주절과 종속절의 주어가 다른 분사구문으로 주어를 써준다.
정답_ It being

2.
해석_ 길거리에 택시가 없어서, 그녀는 집에 걸어가야 했다.
해설_ 주어가 있는 독립분사 구문이다.
정답_ There being

Type B
1.
해석_ 미스터 김은 그의 악센트로 판단하건데 미국사람이 분명하다.
해설_ judging from ~로 판단하건데

정답_ judged → judging

2.
해석_ 편지를 써서, 화진은 우체국에서 그것을 부쳤다.
해설_ 종속절이 내용상 먼저 일어났으므로 주절보다 앞선 시제를 사용한다.
정답_ Written → Having written

Basic Practice

1.
해석_ A: 제 시계가 멈췄어요.
　　　B: 건전지를 교환해야 할 것 같군요. 내일 내가 바꿔놓을게.
해설_ get은 목적보어로 과거분사나 부정사를 사용한다. 문맥의 의미상 목적어와 목적보어가 수동의 관계이므로 과거분사를 사용한다.
정답_ (a)

2.
해석_ A: 경찰이 그 사건을 해결했나요?
　　　B: 도둑이 경찰에게 조사를 받을 때, 다이아몬드를 훔친 것을 인정했어요.
해설_ 주어가 질문을 받는 대상이 되는 것이므로 수동형 분사구문을 사용한다.
정답_ (d)

3.
해석_ A: 내 친구 그렉은 마이너리티 리포트가 무척 난해한 영화라고 생각했는데.
　　　B: 그렇지 않아. 그 영화는 정말 훌륭해.
해설_ 명사를 수식하는 알맞은 형용사 역할을 하는 분사를 찾으면 **confusing**이며, 부정관사를 사용한다.
정답_ (b)

4.
해석_ A: 데이비드를 어떻게 생각해?
　　　B: 나는 그를 좋아하지만 때로는 짜증나게 만들어.
해설_ 그가 화가 난 상태라기보다는 화나게 만드는 대상이 될 때가 있다는 의미가 문맥상 알맞으므로 조동사는 **may**가 아닌 **can**을 사용하며 현재분사를 사용한다.
정답_ (c)

5.
해석_ A: 왜 그들이 **Mark**를 채용했어?
　　　B: 그가 정직하기 때문에 가디언으로 채용되었어.
해설_ 주절과 분사구문의 주어가 일치하기에 **Being honest**를 사용한다.
어휘_ guardian 보호자, 감시인

정답_ (b)

6.
해석_ A: 그녀가 영국인이라고 생각해?
B: 그녀의 액센트로 판단컨대, 호주인이 틀림없어.
해설_ Judging from 판단컨대, 분사구문의 관용어구를 묻고 있는 문제이다.
정답_ (a)

7.
해석_ 당신은 언급된 그 문제를 처리할 수 있다.
해설_ 수식받는 matter가 수동의 상태이므로 과거분사가 필요하다.
어휘_ recommend 언급하다
정답_ (c)

8.
해석_ 이 대학은 1800년에 세워졌는데, 미국의 이 지역에서는 가장 오래된 것이다.
해설_ 중간의 삽입구로서 분사 구문이 들어가야 한다. 자신이 스스로 세운 것은 아니므로 수동태를 써야 한다.
어휘_ established 설립되다
정답_ (b)

9.
해석_ Harry Houdini는 수갑, 밧줄, 잠긴 가방 그리고 끈 등에 묶여 있는 상태에서 자신을 구출하는 놀라운 능력을 보여줌으로써 마술연기로 세계적으로 유명해졌다.
해설_ 문장을 이어주는 분사구문이 나오는 것이 적절하다.
어휘_ feat 업적 묘기 extricate 구출하다
정답_ (a)

10.
해석_ 영화에서 가수로서의 커리어를 쌓고자 하는 청소년은 쉽게 뜻을 굽히지 않는 아버지로의 저항에 마주하게 된다.
해설_ 주문장의 동사 meets가 있으니 분사가 나와야 한다. teenager가 want를 하는 것이기에 현재분사가 되어야 한다.
어휘_ pursue 추구하다   strong-willed 의지가 굳은, 쉽게 뜻을 굽히지 않는
정답_ (b)

11.
해석_ 곡예사가 공중에서 원 모양으로 돌고 있는 것을 보고 있는 사람들은 그가 쭉 뻗은 그의 동료의 손을 놓치고 떨어졌을 때 놀랐다.
해설_ 관계사가 주어 뒤에서 생략된, 분사가 들어가야 하는 구조의 형태이다.
어휘_ outstretched 쭉 뻗은 acrobat 곡예사
정답_ (c)

12.
해석_ 1961년에 창설되었고 대략 35,000명의 사람을 고용한 이 기관은 그 잔인성으로 명성을 얻었다.
해설_ and를 중심으로 병렬적인 분사가 되어야 하고, 그 뒤에 an estimated 35,000 people이라는 목적어가 있기에 employing이 되어야 한다.
어휘_ reputation 명성 brutality 잔인성 founded 창설되다
정답_ (c)

13.
해석_ A: 안녕하세요. Blane 여사. 여기는 Connor의 서점입니다.
B: 오, 안녕하세요. 제가 주문했던 책이 들어왔나요?
A: 제가 전화한 이유입니다. 우리는 출판사로부터 메시지를 방금 받았습니다. 당신의 주문이 연기될 거라고 합니다.
B: 오, 안돼요. 내가 쓰고 있는 논문에 필요합니다.
해설_ 분사는 명사를 수식하는 형용사역할을 하며, 과거분사와 현재분사를 구분하여 사용한다. published → publishing
정답_ (c)

14.
해석_ A: 나는 네가 Queen 가(街)의 새로운 식당에 갔다고 들었어. 그 이름이 뭐라고?
B: 'The Walnut Tree'라고 하지. 끝내주는 음식에 빠른 서비스, 친근한 분위기가 좋았어.
A: 알게 되어 좋아. 나는 다음 주 외부에서 온 고객을 접대해야 하는데 그들에게 좋은 곳을 안내하고 싶어. 가격은 어때?
B: 전혀 나쁘지 않아. 오, 그리고 여기. 난 주소와 전화번호가 담긴 그들의 명함을 가지고 있어. 네가 가져도 돼.
해설_ 목적보어 자리에 알맞은 분사를 찾는 문제로 수동의 관계가 아니므로 과거분사형은 맞지 않다. came → coming
정답_ (c)

15.
해석_ (a) 제임스 1세는 종종 인식되어 온 것과 같은 감상적인 현학자가 아니라 총명하고 학식이 있는 사람이었다. (b) 그의 단점은 한 순간에 사람들한테 강연을 하다가 다른 한 순간에는 사람들한테 굴복하고 마는 습성과 별 가치가 없는 총신에 대한 애호 등으로 나타나 보여지는 허영심과 나약함이었다. (c) 이론을 비평할 줄은 알았지만, (d) 사람을 판단하지는 못했다.
해설_ 주어가 his nature이므로 showing은 맞지 않으며 과거분사형이 와야 한다. showing → showed
정답_ (b)

Chapter 12 전치사와 접속사

Simple Check-1

Type A
1.
해석_ 학교는 9시에 시작한다.
해설_ 시간을 가리키는 전치사 at을 쓴다.
정답_ at

2.
해석_ 해가 구름 뒤에 있었다.
해설_ '~뒤에'를 의미하는 전치사가 들어가야 한다.
정답_ behind

Type B
1.
해석_ 그는 어제 이후로 아무 것도 먹지 않았다.
해설_ 뒤에 'since + 과거시점'이 나온 경우 주절에 과거시제를 쓸 수 없다.
정답_ eaten → hasn't eaten

2.
해석_ 그는 계단을 달려 내려오고 있는 중이었다.
해설_ 운동의 방향을 나타내는 down이 알맞다.
정답_ below → down

Simple Check- 2

Type A
1.
해석_ 도시에서 대부분의 바닥은 콘크리트 혹은 아스팔트로 포장되어 있다.
해설_ 평행구조이므로 등위접속사 or로 연결한다.
정답_ or

2.
해석_ 우리는 인간의 인격이 지식이 늘어남에 따라 향상된다고 말할 수 없고, 반대라고도 말할 수 없다.
해설_ 둘 다 아닌 경우를 나타내는 nor가 알맞다.
정답_ nor

Type B
1.
해석_ 한강은 서울사람들의 일상과 산업에 필요한 물을 제공할 뿐 아니라 관광에서 있어서도 또한 중요하다.
해설_ not only A but also B 구문으로 but (also 생략 가능)이 들어갈 자리이다.
정답_ that → but

2.
해석_ 당신은 1마일을 걷거나 천천히 달릴 때 똑같은 양의 에너지를 소비한다.
해설_ whether는 접속사 or와 어울려 사용된다. whether A or B의 형태로 'A든지 B든지'의 형태로 사용된다. 접속사 nor를 or로 고쳐야 한다.
정답_ nor → or

Simple Check- 3

Type A
1.
해석_ 제임스는 매우 큰 선수여서 쉽게 득점할 수 있다.
해설_ 'such + a + 형 + 명', 'so + 형+ a + 명'이므로 such가 올 자리이다.
정답_ such

2.
해석_ 비가 오면 안 되니까 우산을 가져가라.
해설_ 목적을 표현하는 구문으로 so that~may (~하기 위해서), lest ~should(~하지 않도록)에서 문맥상의 의미와 조동사 활용에 주의하자.
정답_ lest

Type B
1.
해석_ 나는 피아노 치는 것과 노래 부르는 것에 익숙하다.
해설_ 병렬구조에 맞게 쓴다.
정답_ sing → singing

2.
해석_ 그는 너무 좋은 선생님이어서 모든 학생이 그를 존경한다.
해설_ 'such + a + 형 + 명'의 어순에 주의해야 한다.
정답_ so → such

Basic Practice

1.
해석_ A: 에릭이 미팅에 올까?
  B: 그가 오던 안 오던 상관없어.
해설_ 알맞은 접속사를 찾는 문제로 '~인지 아닌지'에 해당하는 whether가 문맥의 흐름상 적합하다.
정답_ (a)

2.
해석 A: 좋은 작가란 어떤 사람이라고 생각하나요?
B: 진정으로 훌륭한 작가들은 그들의 메시지를 동시대 사람들 뿐 아니라 후대에 사람들에게도 영향을 주는 사람들입니다.
해설 상관접속사 **not only A but (also) B** 구문에서 A와 B는 병렬구조를 지니고 있어야 함에 유의한다.
어휘 **succeeding generations** 후대 사람들
contemporary 동시대
정답 (d)

3.
해석 A: Mr. Big께 메시지를 전달해 드릴까요?
B: 그가 돌아오자마자 내게 전화하라고 전해주세요.
해설 문장에 알맞은 접속사를 선택하는 문제로 문맥의 흐름상 **as soon as** '~하자마자'가 적절하다.
정답 (b)

4.
해석 A: 명예훼손과 비방이 차이점이 뭐죠?
B: 문서 비방과 구두 명예 훼손의 차이는 전자가 '인쇄물'에 의한 것인 반면에 후자는 '말'에 의한 것이라는 점이죠.
해설 문맥의 흐름상 앞문장과 다른 역접의 의미를 지니는 지니며, 문장을 연결해 줄 수 있는 접속사 **while**이 적합하다.
어휘 **libel** 중상하는 글, 문서 비방 죄, 모욕이 되는 것
slander 중상, 욕설, 구두 명예 훼손
정답 (c)

5.
해석 A: Demian 박사님은 너를 아시니?
B: 그래, 그 치과의사는 나를 잘 알아. 왜냐하면 내가 항상 치아문제로 고생해 왔거든.
해설 **have trouble with** 구문이다.
정답 (a)

6.
해석 A: Mr. 김이 이번 주 우리 공장을 방문할 거라 생각하니?
B: 그의 빠듯한 일정때문에, 그는 이번주 우리 공장을 방문할 수 없을 거야.
해설 뒤에 명사가 오므로 빈칸에는 전치사가 들어가는 것이 적절하다.
정답 (a)

7.
해석 고객의 편의를 위해 제공되는 우리의 홈페이지를 방문해주세요.
해설 **provide A with B**는 'A에게 B를 제공하다'의 의미이지만, 이 문제에서는 '~를 위해서 제공하다'의 의미로 쓰여진 것이기에 **for**를 써야 한다.
어휘 **provided** 제공되는
정답 (a)

8.
해석 그는 최근 인구 조절에 대한 자기위안으로 잘못된 통계 해석 탓으로 돌렸다.
해설 **attribute A to B** 'A를 B의 탓으로 돌리다'의 뜻이 되기 위해서는 빈칸에 **to**가 들어가야 한다.
어휘 **misread** 잘못 해석하다 **complacency** 자기만족 (보통 부정적인 의미에서)
정답 (b)

9.
해석 같은 과(科)의 동물들과 같이 고양이는 쏙 들어갈 수 있는 발톱과 매우 유연한 몸을 가지고 있다.
해설 **comma**를 기준으로 앞에 나와 있는 부분을 담기 위해서는 전치사구가 와야 하고, 해석상 적당한 것은 **like**가 되어야 한다.
어휘 **family** 과(科) **retractable** 쏙 들어갈 수 있는
supple 유연한
정답 (a)

10.
해석 작년에 하마터면 핵 재난이 있을 뻔했다.
해설 **last year**은 '작년에'라는 뜻이며, 부사구로서 전치사 **in**이 필요치 않다.
정답 (b)

11.
해석 장인은 그의 지친 몸과 의기소침에도 불구하고 일을 하였다.
해설 문맥상 양보나 역접 의미의 전치사 **despite**가 들어가야 한다.
어휘 **labor** 일하다, 노동하다 **despite** ~에도 불구하고
fatigued 지친 **low spirit** 의기소침
정답 (a)

12.
해석 한 국가가 빠른 역사의 순간을 넘어서 존재하기 위해서는 그들 주민의 충성심이 필요하다
해설 부정사의 의미상 주어가 들어갈 자리이다 해석상으로는 '...를 위해서'가 되어야 한다.
어휘 **fleet** 빠른 **loyalty** 충성
정답 (a)

13.
해석 A: 난 Bettina의 어머니에게 전화해볼 생각이야. 지금 거의 5시가 되었는데 Chrissy가 아직 집에 도착하지 않았대.
B: Bettina가 수두를 앓고 있는 것 같던데.
A: 음, 맞아. 잊어버렸네. Chrissy는 오늘 Bettina의 집에 가지 않았어. 그녀는 어디에 있는 거야?
B: 그녀는 아마 Gary와 같이 있을 거야. 그는 5시까지 피아노 레슨을 들을 거야.
해설 전치사 **during** 다음에는 구체적인 기간이 명시되어야 한다.

정답_(d)

14.
해석_ A: 자기야, 이번 방학은 내 기대대로 되지 않네.
B: 무슨 뜻이야?
A: 너는 어떤 일도 가지고 오지 않기로 약속했어.
B: 알아, 하지만 사장님이 나에게 막판에 임무를 주셨어.
해설_ 문맥에 알맞은 의미를 지닌 동사구를 사용해야 한다. turn into는 '~이 변하다'를 의미하므로 '판명되다'를 의미하는 turn out이 알맞다.
어휘_ at the last minute 임박해서, 막판에
정답_(a)

15.
해석_ (a) 모든 사람들은 직감을 가지고 있고, 자신의 내면의 소리를 듣는 것은 언제나 좋은 것이다. (b) 그러나 여러분이 결정을 할 때, 직감을 따르는 것은 필요하지만 충분한 것은 아니다. (c) 결정을 내리는 지침으로 여러분의 직감을 사용하는 법을 배우는 것은 노력을 필요로 한다. (d) 무엇보다도, 어떤 사람의 본능도 언제나 옳지는 않다.
해설_ 문맥에 알맞은 내용을 전달하고 있는지를 확인한다. but sufficient → but not sufficient
어휘_ impulse 추진력, 충동 dictate 명령하다, 지시하다
정답_(b)

ACTUAL TEST 3

1.
해석_ A: 내가 우산을 가져야 할까?
B: 그러는 게 좋겠어. 비가 올 것 같거든.
해설_ 문맥의 의미상 '~하는 게 좋다'라는 의미가 들어가야 하므로 had better를 사용한다.
정답_(d)

2.
해석_ A: 나에게 좋은 조언이 있니?
B: 너는 운동 후에 바로 식사를 하는 것을 삼가야 해.
해설_ avoid 다음에는 -ing 형의 동명사를 쓴다.
어휘_ immediately 즉각적으로, 바로
정답_(a)

3.
해석_ A: Emily, 네가 입은 셔츠 멋지구나.
B: 고마워. 얼마 전에 반값 할인으로 샀어.
해설_ shirt는 가산명사로서 a가 붙어야 한다.
어휘_ half price 반값
정답_(b)

4.
해석_ A: 나의 부인은 출산예정입니다.
B: 그녀가 남자아이를 가지면 너는 좋아할 거야?
해설_ if절의 시제가 과거이므로 주절의 시제도 과거로 해주어야 한다.
정답_(b)

5.
해석_ A: Bob의 연설은 놀라웠어.
B: 나는 그렇지 않았어. 그의 말 어느 것도 놀라울 것은 없었어.
해설_ 문맥상 Not me라는 말 다음에는 부정적 의미가 와서 그가 말한 것의 어떤 것도 나를 놀라게 한 것은 없었어. 라는 말이 와야 자연스럽다.
정답_(c)

6.
해석_ A: 뉴올리언스는 어땠어?
B: 나 거기서 너무 좋았어.
해설_ 어떠냐고 물을 때에는 what이 아니라 how를 사용한다.
정답_(c)

7.
해석_ A: 신문에 그 사고에 대해 뭐라고 났어?
B: 충돌로 인한 생존자가 없고 경찰에 따르면 충돌의 원인에 대한 증거들이 아직 발견되지 않았대.
해설_ 선행사가 없으므로 선행사를 포함하는 관계대명사 what만이 들어갈 수 있는 자리이다.
어휘_ indication 증거 crash 충돌
정답_(a)

8.
해석_ A: 그녀는 어떤 사람이야?
B: 그녀는 서울 출신의 날씬하고 젊은 대학생이야.
해설_ 성질 형용사 대/소 → 형상 → 성질/형태 → 신/구, 노/소 → 색채 → 국적, 재료 → 명사
정답_(d)

9.
해석_ A: 나 다음 달 워크샵을 기획하는데 뽑혔어.
B: 잘됐다, 그 말하니까 생각나는데, 나 거기 못 갈 거 같아. 다른 회의가 있거든.
해설_ 분사구문 중 workshop이 선행사 역할을 하므로 which가 맞다.
어휘_ speaking of ~ 라고 하니까 생각나는데
정답_(c)

10.
해석_ A: 퇴근 후에 네가 피자를 사오기로 되어 있지 않았어?
B: 그럴 계획이었는데, 시간이 없었어.

해설_ 계획한 시제는 더 이전이므로 대과거인 과거완료를 쓴다. 대부정사는 be가 아닌 일반동사(do = plan to pick up)일 때는 to에서 끝난다.
어휘_ be supposed to 하기로 되어있다
정답_ (d)

11.
해석_ 대량생산 기법의 소개는 많은 사람들이 그들 자신의 자동차를 소유할 수 있도록 하였으며 그들에게 전에는 없었던 정도의 이동성을 제공하였다.
해설_ enable + 목적어 + to부정사 구문이다.
어휘_ mass-production 대량 생산 enable ~할 수 있게 하다
unprecedented 전례 없는 mobility 기동성, 이동성
정답_ (a)

12.
해석_ 이것이 사실이라면 우리는 이 나쁜 습성을 가능한 빨리 없애야 한다.
해설_ 조동사 must가 문맥의 의미상 가장 알맞다. get rid of ~를 제거하다
정답_ (d)

13.
해석_ 만일 한 사람이 재료 없이 단지 손으로만 자동차를 만들어야만 한다면, 그는 아마 일평생 이것을 끝내는 것도 어려울 것이다.
해설_ '~하는데 어려움을 겪다'의 표현은 동명사를 목적어로 사용하여 have difficulty (in) -ing를 사용하며 이 때 to부정사가 목적어로 올 수 없다.
정답_ (b)

14.
해석_ 수영을 배우기 위해서는 첫째로 물에 들어가야만 한다.
해설_ 앞에서 부정사의 부사적 용법 구문이 나왔으니 주어가 일치해야 한다.
어휘_ enter water 물에 들어가다
정답_ (a)

15.
해석_ 초콜릿 공장안의 상품들은 컴퓨터 시스템에 의해 자동으로 제조된다.
해설_ goods는 복수형으로 상품, 재산을 가리킨다.
어휘_ automatically 자동으로 manufacture 제조하다
goods(복수형) 상품
정답_ (a)

16.
해석_ 그가 그 뉴스를 혼자서만 알고 있었기 때문에, 아무도 진실을 몰랐다.
해설_ '혼자서만' 이라는 의미에서 by himself를 써야 한다.
어휘_ keep A by himself 혼자서만
정답_ (a)

17.
해설_ 평화와 발전은 우리가 생각하는 것만큼 그렇게 이질적인 것이 아니다. 동전에 양면이 있듯이 다른 면이 없이는 발전할 수 없다.
해설_ two라는 전체의 숫자를 전제하고 하나와 다른 하나를 제시하는 구조이다. 따라서 나머지 하나는 the other를 써야 한다.
어휘_ progress 발전하다
정답_ (d)

18.
해설_ 미국사회가 기초로 하는 이상은 기본적으로 유럽의 것이며 전통 인디언문화에서 온 것은 아니다.
해설_ 동사의 원래 형태가 is based on(upon)이고 전치사인 upon이 관계대명사 which 앞으로 이동한 형태이다.
어휘_ ideals 이상 primarily 주로, 중요하게
derive 유래하다 cf. derived from ~으로부터 유래하다
정답_ (b)

19.
해석_ 그는 밴쿠버에 산지 10년이 되었지만, 여전히 영어를 못한다.
해설_ 빈도나 정도의 부사는 조동사 뒤, 본동사 앞에 쓰여야 한다.
정답_ (c)

20.
해석_ Mary는 매우 열심히 일한다. 그러나 그녀의 임금은 좋지 못하다
해설_ is 가 있으니 형용사가 와야 한다. 그리고 부사 enough가 뒤에 위치한다.
어휘_ pay 임금, 보수
정답_ (a)

21.
해석_ A: 그래, Danny 오늘 무엇을 하고 싶어?
B: 심해 바다낚시 가자.
A: 안 돼. 배가 이미 떠났어. 게다가 우리는 예약을 하지 않았어.
B: 아, 나 정말 낚시하고 싶은데.
해설_ make a reservation '~ 예약을 하다'를 의미한다. the → a
정답_ (c)

22.
해석_ A: 면허증을 볼 수 있나요?
B: 하지만...하지만 왜요?
A: 이봐요 당신은 속도를 초과했습니다. 시속 30마일의 속도 제한이 있습니다. 여기는 택지구역입니다.
B: 그래요? 저는 표지를 보지 못했습니다.
해설_ 부정관사가 붙어있으므로 명사는 단수형이 와야 한다. limits → limit

정답_(c)

23.
해석_A: Brian이 내일 저녁에 올까?
B: 그럴 것 같아. 하지만 그는 불과 며칠 전에 퇴원했어.
A: 그는 지금 어때?
B: 훨씬 나아졌어. 하지만 그는 여전히 완전한 정상상태는 아니야.
해설_그의 느낌을 묻고 있으므로 **how**가 적합하다. **What → How**
정답_(c)

24.
해석_(a) 법률은 법에 저항하는 사람을 보호하기 위해서가 아니라 법을 지키는 사람들을 보호하기 위해 만들어진 것이다. (b) 범죄자는 죄를 저지르는 순간 시민의 권리를 상실한 것이다. (c) 진실을 밝히는 것이 경찰의 의무이다. (d) 그리고 경찰은 힘을 사용하지 않는 한, 기소된 사람들을 심문할 권리가 있다.
해설_**as long as** ~ 하는 한, **as soon as** ~ 하자마자
어휘_**interrogate** 질문하다. 심문하다
defy ~에 도전하다, 반항하다, (법률)을 무시하다
protection 보호, 방어, 방위, 후원
정답_(d)

25.
해석_(a) 인간은 빵만으로는 살 수 없다. (b) 인간은 살기위해 사랑이 필요하다. (c) 생존을 위해 인간은 누군가를 사랑함과 동시에 사랑받는 것이 필요하다. (d) 사랑 없는 인생은 결코 만족스러울 수 없다.
해설_부사의 위치는 조동사와 일반동사 사이이다. **never can → can never**
정답_(d)

Chapter 13 수사, 수일치, 비교급

Simple Check-1

Type A
1.
해석_나는 감동적인 그 영화를 수십 번 봤다.
해설_수사 중 기수 **dozen**은 복수명사나 형용사로 쓰이는데, 형태는 각각 **dozens of times** 나 **dozen times**로 써야 한다.
정답_**dozens of times**

2.
해석_빙하는 근본적으로 두 가지 타입이 있다.
해설_명사의 단·복수 문제이다. 명사는 동사와 수일치 해야 하며, **type**의 동사는 **are**의 복수동사이고 또한, **type**앞에는 복수의 수사 **two**가 명사를 수식하고 있기에 **types**의 복수명사가 되어야 한다.
정답_**types**

Type B
1.
해석_자동차를 타고 가는 것이 비행보다 30배나 더 위험하다.
해설_'배수 비교'를 표현할 때에는 배수(**thirty times**)를 비교급 앞에 사용한다.
정답_**more thirty times → thirty times more**

2.
해석_그들은 비행기가 떠나기 전에 어서 2번 출입구로 가야 한다.
해설_출입구의 뜻인 **gate**는 고유 번호 개념만 있으므로 기수로만 써야 한다.
정답_**second gate → gate two**

Simple Check-2

Type A
1.
해석_이것은 질적으로 저것보다 우월하다.
해설_라틴어의 비교급으로 **to**를 써야 한다.
정답_**to**

2.
해석_그는 부유함에도 불구하고 행복한 것은 아니다.
해설_변형된 비교급 비교인 **none the + 비교급 + for** 형이다. 뜻은 '~에도 불구하고 ~한 것은 아니다' 가 됨.
정답_**the**

Type B

1.
해석_ 그녀의 아파트는 내 것의 두 배 이다.
해설_ 배수사 + as 원급 as
정답_ as twice → twice as

2.
해석_ 그녀는 나보다 네 살이 많다.
해설_ 라틴비교급은 than이나 as가 아닌 전치사 to와 사용한다.
정답_ than → to

Basic Practice

1.
해석_ A: John은 어디서 일하지?
　　　B: 그는 여전히 여기서 일해.
해설_ 어디에서라는 질문이기에 here 즉 여기라는 것을 답하는 형식이다. 이때 빈도와 정도 부사류에 속하는 still은 조동사 뒤, 본동사 앞에 와야 한다. 따라서 본동사 works 앞에 와야 한다.
정답_ (b)

2.
해석_ A: Sam은 돈을 그리 많이 벌지 못해.
　　　B: 나는 그가 어떻게 그 많은 비싼 옷들을 살 수 있는지 궁금해.
해설_ wonder 다음에는 의문사 절이 와서 간접의문문이 이뤄져야 한다. 따라서 how가 제일 앞에 오고, 그 다음으로 he manages의 어순이 되어야 한다. 즉 도치가 발생하지 않음에 유의한다.
정답_ (d)

3.
해석_ A: 너 저쪽에 선글라스를 쓰고 있는 남자 아니?
　　　B: 그래, 그는 록 가수지. 그는 한국에서 모든 10대에게 알려져 있을 만큼 유명해.
해설_ enough를 제외하고의 어순은 famous to be known 의 모습이 되어야 한다. 거기에 '충분히'의 의미가 추가가 된 famous enough가 되는 것이 적절하다.
정답_ (c)

4.
해석_ A: 오늘로 담배를 끊은 지 정확히 6개월째야.
　　　B: 네가 자랑스럽구나. 매년 수백만 명의 사람들이 시도하지만, 단지 3퍼센트만이 해내지.
해설_ 알맞은 접속사와 부사의 어순을 묻는 문제로 여기서 about은 '대략'의 의미로 사용되었다.
정답_ (c)

5.
해석_ A: 무엇을 먹고 싶어. 같이 갈래?
　　　B: 좋아. 나도 그러고 싶어. 나도 너무 배고팠어.
해설_ 생략 문제로 여기서는 I want to join에 join이 생략되고 to부정사의 to가 남아 있는 형태로 사용한다. 부정사의 반복을 피하기 위해서 to부정사에서 원형부정사를 생략하고 사용한 것이다.
정답_ (a)

6.
해석_ A: 운하에 가 본적 있니?
　　　B: 응, 영국운하에 가봤어
해설_ 고유명사에 the가 붙는 경우 — 물과 관련되는 고유명사, 복수형 고유명사, 일간지, 방향만으로 이루어진 고유명사, 보통명사가 포함된 국가명 등이다.
정답_ (a)

7.
해석_ 마이애미에는 인구의 4분의 3이 집에서 영어 이외의 언어를 사용한다.
해설_ 4분의 3이라는 분수를 나타낼 때는 기수 + 서수의 어순을 활용한다. 그러면서 기수 부분이 복수가 되면 서수 부분에 s를 붙인다.
정답_ (c)

8.
해석_ 3곱하기 5는 15이며 3의 다섯 배는 15이다.
해설_ 숫자가 곱하기의 의미를 표현할 때는 times를 사용한다. 이때의 times는 시간이 아니라 배(倍)의 개념이 된다.
정답_ (a)

9.
해석_ 덴마크 국기 디자인은 700년 이상이나 되었다.
해설_ 구체적인 수를 표현하는 방식으로 앞에 수사가 있을 경우 hundred는 단수형을 쓴다.
정답_ (d)

10.
해석_ 고용주는 그 일이 빠르고 실수 없이 수행되기를 원했다.
해설_ want 동사는 목적어 뒤에 to부정사의 형태를 띤다.
정답_ (c)

11.
해석_ 실내 난방 시스템은 사람들로 하여금 적당한 온도에서 생활하고 일할 수 있도록 해주었다.
해설_ '주어 + 동사 + 가목적어(it) + 목적보어 + 진목적어(to부정사)' 구문이다.
정답_ (d)

12.
해석_ 1896년에 1500년 동안 열리지 않았던 올림픽 경기가 그리스에서 다시 열렸다.
해설_ 분사구문으로 알맞은 전치사는 **after** 뒤에 수동태구문이 사용된다.
어휘_ **reinstate** (질서 등을) 원상태로 돌리다
정답_ (b)

13.
해석_ A: 그 선생의 역할은 무엇입니까?
　　　B: 우선, 그 선생님은 모든 학생들 행동에 대한 감독자입니다.
　　　A: 가르치고/배우는 과정의 특징은 무엇입니까?
　　　B: 수업의 첫 번째 단계는 모델링 중 하나입니다. 교사가 몇몇 학생들에게 지시를 내리면, 그들은 그 행동을 수행합니다. 두 번째 단계에서 같은 학생들은 그들과 같이 행동을 함으로써 그들이 그 지시를 이해할 수 있다는 것을 보여줍니다.
해설_ 문장전체를 수식할 수 있는 역할을 하는 것은 부사이다. Initial → initially
정답_ (b)

14.
해석_ A: 이것은 회보에 대한 그 회사 사장의 월간 메시지입니다.
　　　B: 고맙습니다. 저를 잠깐 도와주실 수 있습니까?
　　　A: 그러고 싶습니다만, 저는 회보 일을 해본 적이 없습니다.
　　　B: 걱정하지 마세요. 저는 단지 사진의 배치에 대해 다른 의견이 필요한 것뿐입니다.
해설_ 경험이 없다는 내용이 알맞으므로 **never**가 적합하다.
정답_ (c)

15.
해석_ (a) 만약 우리가 문제들에 대해 단지 생각만 하는 대신에 어떤 행동을 한다면, 우리의 절망과 분노의 감정이 아주 많이 완화될 수 있는 것은 놀라운 일이다. (b) 놀이와 일은 둘 다 건강에 좋은 행동이며 정서적 분노로 초래된 긴장을 풀어준다. (c) 놀이는 육체적인 휴식을 주며 우리가 다른 사람과 감정을 나누기 때문에 긴장을 완화시켜준다. (d) 일 또한 분노를 삭혀주고 넘쳐흐르는 에너지를 이용하는 효과적인 방법이다.
해설_ **tension**을 수식해주는 것으로 관계대명사와 **be**동사가 생략된 형태이므로 과거분사가 와야 한다. **producing** → **produced**
정답_ (b)

Chapter 14 특수구문

Simple Check

Type A

1.
해석_ 원숭이가 몇 살이 될 때까지는 엄마로부터 독립적인 표시를 보여주지 않는다.
해설_ **not until** 구문으로 부정어인 **not**이 앞으로 가서 도치가 일어난다.
정답_ **does it begin**

2.
해석_ 단지 매우 용감하거나 매우 무지한 사람들만이 정확하게 광고가 시장에서 무엇인지를 말할 수 있다.
해설_ **it is -that** 강조 구문: **it is -that**은 강조하기 위해 삽입한 문장으로서 **it is -that** 문장 속에서 생략하면 원래의 문장이 성립된다. 의문사는 항상 앞에 위치하므로, **it is what that**에서 의문사 **what**이 앞으로 이동해서 **what it is that**이 된다.
정답_ **what it is that**

Type B

1.
해석_ 그들이 대피소에 도착하자마자 폭풍우가 몰아쳤다.
해설_ **hardly(scarcely) ~ before(when)** : ~하자마자, 부정어 도치구문임에 유의한다.
정답_ **Hardly they had → Hardly had they**

2.
해석_ 나는 그가 어디 출신인지 모른다.
해설_ 간접의문문이므로 '주어 + 동사'의 어순이 되어야 한다.
정답_ **comes he → he comes**

Basic Practice

1.
해석_ A: 화성에 생명체가 있다면, 지구와 비슷할까?
　　　B: 나도 모르지. 아마 비슷하지 않을까.
해설_ 의문문이므로 조동사가 앞으로 나오며, 의미상 **would**가 적합하다.
정답_ (a)

2.
해석_ A: 과제를 막 끝냈어. 그래서 무척 힘들어.
　　　B: 너 좀 쉬어야겠구나.

해설_ finish 다음에는 동명사가 와야 한다.
어휘_ dog-tired 무척 피곤한
정답_ (b)

3.
해석_ A: 내가 상점에 가는 동안에 아이들을 좀 봐주실래요?
　　　B: 물론요. 내가 놀아줄게요.
해설_ mind 다음에는 동명사가 와야 한다.
정답_ (c)

4.
해석_ A: 그 정보를 어디서 얻었니?
　　　B: 그 신문의 기사에 있었어.
해설_ 대화를 나누는 상대방이 둘 다 알고 있지 않은 하나의 기사를 가리키는 것이므로 부정관사를 사용한다.
정답_ (b)

5.
해석_ A: 오늘밤 너 자전거를 쓸 거야?
　　　B: 아니, 네가 가져가도 돼.
해설_ 앞으로 일어날 일에 대해 묻고 있으므로 조동사는 Will이 들어가야 적절하다.
정답_ (c)

6.
해석_ A: 왜 너는 이른 아침부터 전화를 하는 거야?
　　　B: 내가 전화한 이유는 너를 파티에 초청하기 위해서야.
해설_ 관계부사 why나 that을 써야 적절하다.
정답_ (a)

7.
해석_ 복싱 영화를 보고 나서, 그는 책을 읽고 싶어 하였다.
해설_ 복싱 영화를 볼 수 있는 것은 사람이므로 주어 he가 나오는 문장을 사용해야 한다.
정답_ (c)

8.
해석_ 몇몇 주에서는 저당금의 압류와 자산의 처분 후에도 60일부터 6년까지 걸쳐서 다시 회수 할 수 있는 기간이 있다.
해설_ of의 목적어는 from sixty days to six years 전체가 되어야 한다.
어휘_ foreclosure 압류　mortgage 저당금　property 자산
　　　redemption 회수
정답_ (d)

9.
해석_ 소식을 알게 되면 제 비서에게 연락을 남겨주세요.
해설_ '연락을 남기다'가 되면 leave a word with~ 라는 표현을 써야 한다.

정답_ (d)

10.
해석_ 이 버튼이 자폭 버튼인줄 알았다면 난 그 버튼을 누르지 않았을 것이다.
해설_ 주절이 'would have + 과거완료'라면 가정법 과거완료 구문이 되므로 주절은 'If + 주어 + 과거완료'가 와야 한다. if 가 생략되면 도치되어 'Had + 주어 + 과거 완료' 형태가 된다.
정답_ (d)

11.
해석_ 그들은 매순간 협박해 오는 폭풍이 무시무시한 폭력으로 그들을 파괴하지 못하도록 하기 위해서 끊임없는 긴장 속에서 산다.
해설_ for fear that ~ should = lest ~ should, in case ~should: ~하지 않기 위해서, ~하는 것이 두려워서, ~하는 경우에 대비해서
정답_ (c)

12.
해석_ 일식 중에 지구는 달의 그림자에 가린다.
해설_ 문장과 문장을 연결하는 것이 아니므로 접속사는 필요 없다.
어휘_ lie 놓이다　eclipse of the sun 일식
정답_ (a)

13.
해석_ A: 그에게 왜 네가 그것을 할 수 없었다고 말하지 않았어? 최소한 네가 돌아온 후에 그것을 하겠다고 말할 수도 있었는데.
　　　B: 나는 그럴 생각이 없어.
　　　A: 글쎄, 너는 그래야 했어. 네가 일할 때 나 혼자 해변을 걸어 다니며 내가 무엇을 해야 하는 거야?
　　　B: 미안해, 자기야, 하지만 나는 정말 이것을 끝내야 해.
해설_ 재귀대명사 용법을 묻는 문제로 '혼자서'라는 의미에 적합하게 사용한다. for → by
정답_ (c)

14.
해석_ (a) 우리들 대부분은 슈퍼마켓에서 우리의 음식을 산다. (b) 사실, 우리들 중 많은 사람들은 심지어는 슈퍼마켓까지 가지도 않고 다만 마우스 클릭으로 선택을 한다. (c) 우리는 우리가 먹는 음식과 우리의 음식을 생산하는 사람들과의 관계를 포기했다. (d) 우리의 아이들이 음식이 어디에서 오는지 알지 못한다는 것이 놀라울 게 뭐가 있겠는가?
해설_ 부사의 위치를 올바른 위치를 묻는 문제로 조동사 뒤, 일반동사 앞에 써야 한다. get even → even get
어휘_ irritable 성미가 급한　mindful 주의 깊은　aspect 양상
정답_ (b)

15.
해석_ (a) 배우들은 연습할 시간이 많지 않아서 종종 공연의 여러 부

정답 및 해설　257

분들은 카메라 앞에서 짜 맞추어지게 된다. **(b)** 조명, 음향재생, 그리고 편집은 솜씨가 있지만 매끄럽지 못하다. **(c)** 머리 위의 마이크로 인해 생겨진 그림자가 배우의 얼굴에 생겨도 조정실에서는 신경을 쓰지 않는다. **(d)** 대사가 새어들어 오거나 대사 신호를 실수하는 것은 그저 '생길 수 있는 일의 하나일 뿐이다.'

해설_ 주어와 동사의 수 일치가 잘못되었다. **is** → **are**
어휘_ workmanlike 솜씨가 좋은, 대가다운 **muff** 실수하다
정답_ (b)

Chapter 15 명령문과 의문문

Simple Check

Type A

1.
해설_ 저축하는 법을 지금 배워라, 그렇지 않으면 나이 들어서 부족할 것이다.
해설_ 명령문으로 문맥에 알맞은 의미관계인 접속어를 선택한다.
정답_ otherwise

2.
해석_ 내게 어제 네가 찍은 사진들을 볼 수 있게 해줘. 그렇게 할래?
해설_ 부가의문문 만들기: 명령문일 때는 **will you**나 **won't you?**
정답_ will you

Type B

1.
해석_ TV를 좀 꺼줘. 그렇게 할래?
해설_ 부가의문문 만들기: 명령문일 때는 **will you** 나 **won't you?**
정답_ don't you → will you

2.
해석_ 너는 여기서 기다리는 게 더 좋겠다. 그렇지?
해설_ had better은 조동사로 **had**의 부정형 **hadn't**를 사용한다.
정답_ won't you → hadn't you

Basic Practice

1.
해석_ A: 어떻게 그 일을 그렇게 빠르고 정돈되게 끝낼 수 있니?
B: 우리 아버지가 내 나이 거의 열 살 때 칠면조에게 먹이를 주고 마구간을 청소하는 의무를 주셨어.
해설_ 알맞은 관계사를 찾는 문제로 여기서는 시간을 나타내는 **when**이 적합하다.
어휘_ clean out 청소하다 **barn** 마구간 **turkey** 칠면조
정답_ (b)

2.
해석_ A: 당신의 취미는 무엇입니까?
B: 저는 많은 나라에서 온 물건을 찾을 수 있는 가게들에서 쇼핑하는 것을 좋아합니다.
해설_ 관계부사 **where**는 앞의 선행사가 있고, 뒤에서는 완전한 문장이 나온다.
정답_ (b)

3.
해석 A: 이 테이블이면 충분하시겠죠, 선생님?
B: 아닙니다. 나는 더 많은 사람들을 수용할 수 있는 것이 필요합니다.
해설 비교급 **more**는 **people**을 수식해줘야 한다. 그리고 나서 그 정도를 **several**로 나타내어주므로, 어순은 **several more people**이 되어야 한다.
정답 (d)

4.
해석 A: 왜 편집자들은 그들의 신문에서 그러한 비속어를 용인할까?
B: 나도 그 이유를 알고 싶어.
해설 단수명사 앞에서 형용사가 왔을 때는 '**such** + 형용사 + 명사'의 어순이 되어야 한다.
정답 (b)

5.
해석 A: 내일 계획 있어?
B: 날씨가 괜찮다면, 소풍갈 생각이야.
해설 (날씨가) 허락해주는 것과 피크닉이 의미상 주어가 다르기에 주어를 밝혀주어야 한다.
정답 (d)

6.
해석 A: 이런, 나 실수했어.
B: 이런 종류의 실수를 또다시 하지 않으려면 주의해.
해설 **should**와 호환이 되는 **lest**가 들어가서 '하지 않도록'의 의미를 나타내야 적절하다.
정답 (b)

7.
해석 그 사람이 어제 현금 3,000불을 가게에서 훔쳤다고 의혹을 사고 있다.
해설 이 문장은 원래 수동태로 '**It is alleged that the man robbed~**'의 문장이며 이것을 단문으로 바꿀 때 뒤에 종속절이 **to**부정사로 되는데 종속절의 시제가 하나 앞서는 과거시제이므로 완료부정사가 들어가야 적절하다.
어휘 **allege** 주장하다
정답 (b)

8.
해석 NBC의 많은 근로자들이 뉴 미디어 법에 반대했다.
해설 **a great number of**는 **many**의 뜻을 가진 형용사이다. 반면 **the number of**~ 는 '~의 수'를 의미한다.
어휘 **oppose** 반대하다 **a great number of** 많은 수의 ~
정답 (b)

9.
해석 세상에 결점이 없는 사람은 없다.
해설 '**no** + 명사 + **but**'이 되면 이중부정의 의미가 되어서 강한 긍정의 의미가 된다.
어휘 **fault** 결점, 과실
정답 (a)

10.
해석 산에는 비가 내리고 있었으며, 비는 잎사귀들의 신록을 더 우아하게 만들었다.
해설 앞의 사실 전부가 뒷문장의 주어가 되고 있다. 따라서 문장 전체를 받는 **which**를 써야 한다.
어휘 **fresh green** 신록(新綠)   **graceful** 우아한
정답 (b)

11.
해석 John은 아직 논문작업도 마치지 못했지만 Lisa는 이미 마쳤다.
해설 '여전히, 아직'의 의미가 되기 위해서는 **yet**이나 **still**이 둘 다 가능하지만, **still**은 동사 앞에 와야 한다. 따라서 **yet**이 적절하다.
정답 (c)

12.
해석 독일인들은 자신들의 자유를 잃을까 두려워서 지나치게 강력한 중앙정부를 원하지 않는다.
해설 **too** + 형용사 + 관사 + 명사 어순을 묻는 문제이다.
어휘 **central government** 중앙정부
정답 (d)

13.
해석 A: 내 파일을 지우고 있어! 빨리 모든 것을 잃어버리기 전에 우리는 무언가를 해야 해!
B: 글쎄, 이것을 전문가에게 맡기는 게 최선일 듯 싶은데.
A: 컴퓨터에 능통한 누군가를 알아?
B: Jason에게 물어보는 게 어때?
해설 관계대명사의 수 일치를 묻는 문제로 선행사 **anyone**은 단수이므로 단수동사를 사용한다. **are** → **is**
정답 (c)

14.
해석 (a) 야생 식물들의 자연 서식지에 대한 무관심과 그 파괴 때문에, 몇몇의 야생 식물들의 미래는 불확실한 상태이다. (b) 이런 상황이 되자 이러한 사람들은 한국에서 자라고 있는 야생 식물들을 보존하는데 애쓰기 시작했다. (c) 그들은 대중들에게 식물들의 가치를 알리고, 다음 세대에서도 이 야생 식물들이 보존될 수 있도록 애쓰고 있다. (d) 그들의 노력으로 현재는 많은 한국인들이 야생 식물들의 가치를 충분히 이해한다.
해설 환경에 처한다는 것이 문맥상 알맞으므로 과거분사를 사용한다. **Giving** → **Given**
정답 (b)

15.

해석_ (a) 여러분의 직감을 따르는 것은 여러분이 나중에 후회하게 될지도 모르는 충동적인 결정을 하게 할 수가 있다. (b) 중요한 것은 여러분의 결정을 지시하는 것이 아닌 뒷받침해주기 위해서 직감을 사용하는 법을 배우는 것이다. (c) 상황을 분석하기 위해서 여러분의 경험을 사용하라. (d) 여러분의 과거의 경험은 여러분의 직감이 믿을 수 있는 것인지 아닌지 판단하는 근거를 준다.

해설_ 당신의 본능은 신뢰되어지는 대상이므로 수동태를 사용한다.
trusted → be trusted

정답_ (d)

Chapter 16 화법전환

Simple Check

Type A
1.
해석_ 그녀는 "얼마나 예쁜 인형인가"라고 말했다.
해설_ 화법전환은 시제를 맞춰주어야 한다.
정답_ was

2.
해석_ 그는 "테니스 치러가요"라고 내게 말했다.
해설_ 권유하고 있는 경우에는 주어가 우리가 됨에 유의한다.
정답_ we should

Basic Practice

1.
해석_ A: 산책 갈래요?
B: 좋은 생각이에요.
해설_ What do you say to + -ing = How about + -ing : ~하는 게 어떠니?
정답_ (b)

2.
해석_ A: 무엇이 문제야?
B: 오, 안 돼! 벌써 4시야. 우리는 너무 늦었어.
해설_ what's wrong with~ : ~이 문제야?
정답_ (d)

3.
해석_ A: 그는 어떤 사람입니까?
B: 그는 말 그대로 책벌레로 불립니다.
해설_ 선행사를 포함하는 관계대명사 what이 사용되어 관용적으로 사용된다.
어휘_ book worm 책벌레
정답_ (a)

4.
해석_ A: 이곳에 전화기가 있니?
B: 그래, 하지만 지금 사용 중이야.
해설_ '사용 중'은 in use로 표현한다. 반대말은 out of use이다.
정답_ (c)

5.
해석_ A: 창문에 있는 저 드레스를 좀 보고 싶습니다.
B: 면으로 만든 드레스요? 멋진 선택입니다. 여기에 있습니다.

해설_ '여기 있습니다'의 표현은 **Here you are**.이다.
정답_ (a)

6.
해설_ A: 옷이 내게 맞는다고 생각하세요?
　　　B: 당신을 위해서 만들어진 것 같습니다.
해설_ **It's made for you.** : 딱 맞는다(당신을 위해서 만들어진 것 같다)
어휘_ **fit** ~에 맞다 **try on** 입어 보다
정답_ (c)

7.
해설_ A: 너는 지난 밤 외출했니?
　　　B: 그래, 영화 보러 갔어. 하지만 별로 재미없었어.
해설_ **last** 앞에는 전치사를 붙이지 않음에 유의한다.
정답_ (a)

8.
해설_ A: 당신의 성공을 축하합니다.
　　　B: 정말 고맙습니다. 저는 아버지께 신세를 많이 졌습니다.
해설_ **owe A to B** A는 B 덕분이다
정답_ (c)

9.
해설_ A: 왜 신문은 그렇게 많은 광고를 싣는 거지?
　　　B: 광고가 없다면 신문이 유지될 수 없어.
해설_ 신문을 대신 받으므로 대명사 **its**를 사용하며 문맥의 의미상 **cannot**이 적합하다.
정답_ (a)

10.
해설_ A: 당신은 채식주의자 입니까?
　　　B: 완전히 그렇지는 않습니다. 저는 생선 버거를 먹습니다. 당신도 버거를 좋아합니까?
해설_ **quite**는 부정어 **not**과 함께 사용되면 부분부정으로 '완전히 ~은 아니다'의 의미이다.
정답_ (a)

11.
해설_ A: 너의 난로는 어떻게 작동돼?
　　　B: 이 버튼을 누르면 켜져.
해설_ 선행사가 없으므로 관계대명사 **what**이 들어가야 적절하다.
정답_ (a)

12.
해설_ A: 부탁하나 들어 줄 수 있습니까?
　　　B: 오, 저를 용서해 주세요. 저는 매우 바쁩니다.
해설_ **May I ask you a favor?** = **May I ask a favor of you?** = **Will you do me a favor?** 부탁을 드려도 되겠습니까?

depend on = **be up to** ~에 달려 있다
정답_ (b)

13.
해설_ A: 커피를 어떻게 해서 드시겠습니까?
　　　B: 설탕이나 크림을 넣지 않는 커피를 마시겠습니다.
해설_ **How do you like~?** 어떻게 해서 드시겠습니까?
정답_ (c)

14.
해설_ A: 엄마가 늦을 거라고 생각하니?
　　　B: 아니, **Air France**는 늘 정시에 도착해. 걱정하지 마. 늦게 되면 안내방송이 있을 거야.
해설_ 문맥의 의미상 알맞은 구어체 표현을 선택한다.
정답_ (a)

15.
해설_ A: 기분이 좋지 않은가?
　　　B: 그래요, 두통이 나요.
해설_ 대답은 **I am not feeling well**임으로 **No**로 시작되어야 한다. 두통을 **aching in the head**라 하지 않는다.
정답_ (a)

Actual Test 4

1.
해설_ A: 어제 밤 외출했니?
　　　B: 아니 나는 숙제가 너무 많았어.
해설_ **homework**이 단순한 '숙제'의 의미일 때는 불가산명사가 된다. 따라서 단수로 처리되고, **a**가 붙을 수 없다.
정답_ (a)

2.
해설_ A: 저녁 내내 기다렸잖아!
　　　B: 메모 같은 걸 남겨두지 않아서 정말 미안해.
해설_ 과거의 일을 미안해하고 있으므로 **not to have left**가 어울린다.
어휘_ **all evening** 저녁 내내
정답_ (c)

3.
해설_ A: 왜 지방대를 선택했어?
　　　B: 왜냐하면 집에 살면서 돈을 절약하고 싶었어.
해설_ 이유를 나타내는 절을 이끄는 **because**가 문맥에 가장 알맞다.
정답_ (a)

4.
해석_ A: 주말에 뭐했니?
　　　B: 난 정말 좋은 책을 읽기 시작했어.
해설_ '~하는 동안'의 의미이므로 over가 적절하다.
정답_ (a)

5.
해석_ A: 너무 더워. 오늘 낚시하고 싶지 않아.
　　　B: 나도 그래.
해설_ 동의할 때 어순을 묻고 있다.
정답_ (d)

6.
해석_ A: 차를 몰아본 게 이번이 처음이니?
　　　B: 응, 나는 전에 차를 몰아본 적이 한 번도 없어.
해설_ 문맥상 yes라고 했기에 한 번도 몰아 본적이 없어야 하기에 (b)는 답이 될 수 없다. 또한 해석상 수동적 의미가 될 수 없기에 (c)도 오답. (d)는 원래 문장의 맨 뒤에 before 가 있는 관계로 그 의미가 통하기 위해서는 never를 써주는 것이 좋다.
정답_ (a)

7.
해석_ A: 당신은 이 새로운 비디오 게임에서 컴퓨터를 이길 만큼 똑똑합니까?
　　　B: 물론이죠. 당신이 원한다면, 한 번 해보죠.
해설_ **Are you smart** 만으로 문장이 구성이 됨에도 불구하고, to 이하가 붙었다는 것은 빈칸 자리에 특수한 후치 부사가 와야 함을 의미한다. 따라서 특수한 후치 부사 **enough**가 와야 한다.
정답_ (c)

8.
해석_ A: 우리는 얼마나 더 걸어야 하지?
　　　B: 우리는 다리까지 가야 해.
해설_ 문맥상 **the bridge**는 가야할 대상의 범위가 된다. 그래서 범위를 나타내는 **as far as**가 되어야 하고, **as far to** 나 **too far as** 는 아예 존재하지 않는 형태의 관용구이고, **so far** 다음에는 목적어가 올 수 없기에 (b)는 틀리다.
정답_ (d)

9.
해석_ A: 여자들은 집에 있어야 한다.
　　　B: (그 말에 반대하며) 미안하지만 나는 동의하지 못하겠네.
해설_ 문맥의 흐름상 동의할 수 없음을 나타내는 말이 나와야 적절하다.
정답_ (c)

10.
해석_ A: 여행자 수표를 현금화할 수 있습니까?
　　　B: 물론이지요. 어떻게 바꾸어 드릴까요?
해설_ (a)의 구문은 의문의 내용이 what 이라고 해도, '무엇을'로 번역해서는 곤란하고, '어떻게'로 번역을 하는 것이 문맥상 자연스럽다. (c)의 경우에는 charges가 아니라 changes였다면 답이 될 수도 있다.
어휘_ charge 청구 금액, 부담금
정답_ (a)

11.
해석_ 각각의 지원자들의 자신의 소지품을 가져오도록 요구 받았다.
해설_ **his own**이 되면 '그 스스로'의 의미가 된다. 또한 **belongings**가 되면 소지품의 의미가 되면서 반드시 -s가 붙어서 쓰여야 한다.
어휘_ applicant 지원자 belongings 소지품, 소유물
정답_ (b)

12.
해석_ 여기 두 개의 넥타이가 있다. 이것이 다른 것보다 더 비싸다. 너는 어떤 것을 택할 것인가? 나는 둘 중에서 더 비싼 것을 택하겠다.
해설_ **the more**의 'the + 비교급'을 쓴 것은 전체의 개수가 두 개라는 것을 전제로 하는 것이다. 따라서 **of the two**가 가장 적절하다.
정답_ (c)

13.
해석_ 후에 그는 뉴질랜드로 갔으며, 거기서 나는 그가 온갖 종류의 일을 했다는 것을 들어서 안다.
해설_ 문제에서 understand라는 어휘는 '이해하다'는 뜻으로도 쓰이지만 문제에서는 '들어서 알고 있다'라는 의미로 쓰였다. 장소를 지칭하는 접속사 where가 적절하다.
어휘_ understand 들어서 알고 있다
정답_ (a)

14.
해석_ 1871년에 세워진 University of North Carolina는 정부의 무상 토지 정책의 지원을 받은 남부에서 첫 대학이다.
해설_ 주어와 동사가 갖춰져 있다. 새로운 말이 들어가기 위해서는 분사구문 아니면 부정사의 부사적 용법이 되어야 한다. 1871년에 세워졌다는 의미이기에 과거 의미가 되어야 한다.
어휘_ land-grant 토지 무상 정책
정답_ (d)

15.
해석_ 영화에서 가수로서의 경력을 쌓고자 하는 청소년들은 굳은 의지를 가진 아버지에 의해 방해받는다.
해설_ '~하기를 바라는'의 의미이므로 -ing 형태가 적절하다.
어휘_ strong-willed 굳은 의지의 resistance 저항
　　　career 경력

정답_(b)

16.
해석_중동에서의 평화를 위한 기초를 규정하는 것에 더하여, 그 새로운 협정은 이스라엘에게 1967년 전쟁 당시 점령했던 영토의 대부분을 양도해 줄 것을 요구하고 있다.
해설_해석상 전치사구로 '더하여' 또는 '게다가'의 의미가 되어야 하기에 **in addition to**가 되어야 한다.
어휘_**framework** 뼈대, 구조 **call on** ~하도록 요구하다, 호소하다 **hand over** ~을 남의 보관(보호)에 맡기다, ~ 을 남에게 양도하다 **seize** 잡다, 쥐다, 빼앗다, 이해하다 **agreement** 동의, 합의, 협정, 계약
정답_(a)

17.
해석_이 설문의 목표는 지역 주민들이 그들의 지역 정부의 예산에 대해서 얼마나 아는가를 조사하기 위함이다.
해설_보여 역할을 하는 **to**부정사와 **much**의 쓰임에 대해서 묻고 있는 문제이다.
어휘_**budget** 예산 **local government** 지역 정부
정답_(d)

18.
해석_그녀가 쓴 소설이 여타 동시대의 사람들보다 비상함을 보이지 않았더라면 아마 상을 타기 힘들었을 것이다.
해설_'could have won'으로 가정법 과거완료 주절인 것을 확인할 수 있다. 종속절에서는 **if**가 생략될 수 있는데, 이때는 주어 동사가 도치되어야 한다. **if the novel she wrote had not shown** → **had the novel she wrote not shown**
정답_(b)

19.
해석_어떤 종류의 이야기인지도 추측할 수 없는 것으로 봤을 때 그는 우리에게 그 이야기의 극히 일부만을 들려줬음이 틀림없다.
해설_**only**는 초점을 나타내는 부사이고 수식하고자 하는 말 바로 앞에 와야 한다. **a small part**가 대화의 초점이 되고 있으므로 그 앞에 **only**가 와야 한다.
정답_(a)

20.
해석_평생 그의 책은 2권이 팔렸다.
해설_'기간 명사 + before + 과거 시점'은 과거완료 시제의 동사를 필요로 한다.
정답_(b)

21.
해석_A: 뜨거운 차를 마시러 가야겠어요. 아마도 따뜻한 것이 들어가면 목이 덜 아플 것 같아요.
B: 당신이 그것을 하는 동안, 나는 마지막 노래를 다시 연습할게요. 나는 음조가 제대로 안 좋아요.
A: 무슨 문제 있어요? 당신의 손가락도 내 목처럼 피곤한가요?
B: 아마도요. 하지만 전 연습이 더 필요합니다.
해설_'앞으로 더 필요하다'는 의미이므로 **to**부정사를 목적어로 취한다. **practicing** → **to practice**
정답_(d)

22.
해석_A: 안녕 Cliff. 몇 달 동안 못 봤어. 요즘 어때?
B: 별로 안 좋아. 너는 어때? 여전히 그 은행에서 일하고 있어?
A: 아니, 은행을 그만두고 시골로 갔어. 나는 거기서 조그만 농장을 가지고 있어.
B: 정말? 하지만 네 직업을 좋아했잖아?
해설_알맞은 부가의문문을 묻는 문제로 일반동사를 대신하는 대동사 **do**를 시제에 맞게 사용한다. **weren't** → **didn't**
정답_(d)

23.
해석_(a) 우리들은 각각은 단지 짧은 시간일지라도 또 한 번의 삶을 살길 원하고 있을 것이다. (b) 이는 우리의 삶에 불만족하고 있다는 문제가 아니라, 우리가 여행해 보지 못한 길에 대한 호기심의 문제일 것이다. (c) 물론 이런 호기심을 만족시키는 한 방법은 여행을 통해서이다. (d) 우리가 무대 위의 배우이길 꿈꾸듯이, 여행은 우리에게 다른 세상을 경험하게 해준다.
해설_**allow**는 목적보어로 **to**부정사를 취한다. **experiencing** → **to experience**
정답_(d)

24.
해석_(a) 고도의 성취자들은 일거리를 집에 가져와 잠자기 전까지 일을 하는 근면한 사람들이라는 얘기를 우리는 자주 듣는다. (b) 그러나 Garfield가 주요 산업의 선두에 있는 사람들과 인터뷰해서, 그들이 휴식을 취하는 방법과 일거리를 사무실에 남겨 두고 퇴근한다는 사실을 알게 됐다. (c) 그들은 또한 가족, 친구들과 충분한 양의 시간을 보냈다. (d) 성공한 사람들은 기꺼이 열심히 일하지만 엄격한 한도 내에서만 한다.
해설_종속절과 주절의 시제를 일치시켜야 한다. **finds** → **found**
정답_(b)

25.
해석_(a) 자기 분수 안에 지나친 욕심 없이 산다는 것은 현명하다. (b) 불평하지 않고 분수를 안다는 것은 행복으로 가는 지름길이다. (c) 자기 형편에 만족하지 못하는 사람은 행복을 쫓아버린다. (d) 행복은 불평이 없는 사람에게 찾아오지만 불평하는 사람은 지나쳐 가버린다.
해설_한 문장에 동사는 한번 나오며, 현재분사로 수식해주는 구조가 알맞은 문장이다. **leads** → **leading**

정답_ (b)

Final Test 1

1.
해석_ A: 그 직업 광고를 쓰는 것을 끝냈니?
　　　B: 다 끝내지는 못했어.
해설_ '아직 마치지 못했다'는 의미를 완성시키려면 부사 **quite**이 들어가서 부정어 **not**과 함께 부분부정을 나타내는 것이 적합하다. quite은 부정어 not과 함께 사용되면 부분부정으로 '완전히 ~은 아니다. 조금 부족하다'의 의미를 지닌다.
정답_ (a)

2.
해석_ A: 오늘 나와 함께 소풍가시겠어요?
　　　B: 싫습니다. 솔직히 오늘은 (나가고) 싶지 않군요. 몹시 피곤해요.
해설_ feel like -ing(would like to) : 하고 싶다
정답_ (b)

3.
해석_ A: 당신은 편지가 아니라, 그저 전보를 한 통 보낼 수 있었네요.
　　　B: 네 그래서 나는 내가 경험한 것의 요지를 해외로 전달하려고 가능한 짧은 말로 간결하고 명료하게 전달되기를 바랬어요.
해설_ 분사구문으로 바라는 대상이 주어와 일치하므로 현재분사를 사용하며 명사를 목적어로 취하므로 **for**가 적합하다.
어휘_ **telegram** 전보, 전문　**overseas** 해외의, 외국의, 해외로　**brevity** 짧음, 간결　**in as few words as possible** 가능한 짧은 말로　**gist** 요점, 요지, 골자　**clarity** (사상, 문체 등의) 명쾌함, 깨끗하고 맑음
정답_ (d)

4.
해석_ A: 창문을 닫으면 안 되겠습니까?
　　　B: 아니오, 충분히 신선한 공기를 받았기 때문에 괜찮습니다.
해설_ **mind**는 '~하는 것을 꺼리다'는 부정적인 뜻을 갖는 어휘이다. 그러므로 **mind**를 사용하여 질문할 경우, '~를 하도록 하라'고 말할 때에는 부정의 **no**로 답해야 '~을 꺼리지 않는다'가 되어 '긍정적인 행위'를 유도하는 대답이 되며, 반대로 **yes**로 대답한다면 '나는 꺼리니까 하지 말라'는 뜻이 된다.
정답_ (c)

5.
해석_ A: 80달러면 충분합니까?
　　　B: 한 20달러만 더 있으면 됩니다.
해설_ 문맥의 의미상 '충분하다'는 내용이 들어가야 한다.
어휘_ **be enough** 충분하다　**another** 또 다른 하나의　**will do** 충분하다
정답_ (d)

6.
해설_ A: ABC 스튜디오를 방문해 본적이 있나요?
　　　　B: 아뇨, 그곳에 가본 적은 없어요. 그러나 가보고 싶어요.
해설_ 미안할 까닭이 없기 때문에 **sorry**라는 말은 맞지 않다. 질문과 마찬가지로 대답 역시 완료형 시제라야 적절하다.
정답_ (d)

7.
해설_ A: 무슨 일인데?
　　　　B: 상황이 매우 난처해.
해설_ 상황이 난처한 것이므로 현재분사를 사용하며 부사 **very**가 수식한다.
정답_ (d)

8.
해설_ A: 오늘 아침 누가 사장을 보았니?
　　　　B: 제가 보았습니다.
해설_ **Who's seen**은 **Who has seen**의 단축형이기 때문에 대답 역시 완료형이라야 맞다.
정답_ (d)

9.
해설_ A: 저기 선글라스 쓴 남자 아니?
　　　　B: 어, 그는 록 가수야. 그는 한국에서 10대들에게 아주 유명해.
해설_ '형용사 + **enough**' 어순이 적절하며, '알려진 것'이므로 수동태를 사용한다.
정답_ (c)

10.
해설_ A: 영어 수업 시작하기 전에 산책하자.
　　　　B: 내 생각엔 걷기에는 너무 더울 것 같아.
해설_ **hot** 앞에 '너무'라는 말이 와야 하고 **too**를 수식해주는 부사가 들어가야 한다. 그러므로 **much too**가 되어야 한다. **too much**는 뒤에 형용사의 형태가 올 수 없기에 **hot**이 뒤에 올 수는 없다.
정답_ (d)

11.
해설_ A: 우리 모두가 금요일 회의에 참석해야 합니까?
　　　　B: 네. 그건 중요해서 모든 사람들은 이번 주 회의에 참석해야 합니다. 왜냐하면 우리가 인사 문제에 대하여 중요한 결정을 할 것이기 때문입니다.
해설_ '**It** + 형용사 + **that** 주어 + (**should**) 동사원형'의 구문이다.
정답_ (a)

12.
해설_ A: 휴가를 얻은 지 얼마나 지났나요?
　　　　B: 휴가를 얻은 지 2년이 지났습니다.
해설_ 현재완료 시제가 올 자리이며 주어가 단수이므로 **has been**이 알맞다.
정답_ (a)

13.
해설_ A: 왜 당신은 **TV**를 켜놓고 있습니까?
　　　　B: 나는 뉴스를 보려고 합니다.
해설_ 수동태 문장이 올 수 있는 자리는 아니며 진행형에 'TV를 켜다'에 해당하는 표현을 찾으면 된다.
정답_ (c)

14.
해설_ A: 우리가 언제 티켓을 얻을 수 있나요?
　　　　B: 공항에서 받게 될 거예요. 이미 지불을 했거든요.
해설_ 앞 문장에서 **our tickets**라고 했으므로 대명사는 복수형인 **them**이 알맞다. '동사 + 부사'의 형태로 이루어진 동사구에서 목적어가 대명사인 경우에는 동사구 사이에 위치해야 한다.
정답_ (d)

15.
해설_ A: 그는 그 회의에서 언제 돌아올까?
　　　　B: 그는 며칠 안에 돌아올 거야.
해설_ 기간을 나타내는 전치사로 **in**은 '~ 안에'의 의미를 가지므로 알맞다.
정답_ (a)

16.
해설_ A: 콘서트 재미있었니?
　　　　B: 아니, 콘서트 내내 앉아있느라 힘들었어.
해설_ 동명사구 '**have a hard time -ing**'를 아는지와 적절한 전치사를 찾는 문제이다.
정답_ (b)

17.
해설_ A: 오늘밤 그 게임에 올 수 있어?
　　　　B: 응, 일을 끝내면 가능해.
해설_ 문맥의 흐름에 알맞은 접속사를 묻는 문제이다.
정답_ (b)

18.
해설_ A: 부인이 어떤 양탄자를 사셨어요?
　　　　B: 푸른색을 샀는데 저 같았으면 갈색을 샀을 거예요.
해설_ 과거 사실의 반대를 가정하는 응답의 시제가 요구된다. 즉 가정법 과거완료의 시제인 **would have bought**가 알맞다.
정답_ (d)

19.
해설_ A: 당신 책을 가져오는 것을 잊어서 미안해요.

B: 괜찮아요. 신경 쓰지 마세요.
해설_ '괜찮다'는 의미의 표현이 들어가야 적절하다.
어휘_ think nothing of it: 신경 쓰지 마세요
정답_ (c)

20.
해석_ A: 가장 가까운 약국이 어디에 있습니까?
B: 10번가 위에 하나 있습니다.
해설_ '10번가 위에'는 on Tenth Street로 표현한다.
정답_ (a)

21.
해석_ 학교 오케스트라에서 쓰이는 트라이앵글 각각의 각은 모두 60도 크기이다.
해설_ measure는 자동사로 쓰일 때 '(길이, 폭, 높이 등이)이다' 라는 뜻을 지닌다.
어휘_ angle 각도 measure (길이, 폭, 높이 등이)이다
정답_ (a)

22.
해석_ 부는 많은 소유를 하는 것이 아니라 적게 원하는 것에 있다.
해설_ '~으로 구성되다'의 의미가 되는 consist는 수동태로 쓰는 것이 아니라, 능동으로 사용해야 한다. 따라서 (c)나 (d)는 안 되고, (a)와 (b) 중에서는 주어의 단수에 맞춰서 consists가 되어야 한다.
어휘_ consist in ~에 달려있다 (=lie)
정답_ (a)

23.
해설_ 생각이 깊은 자녀들은 부모님들이 버림받았다고 느끼지 않도록 하기 위해 부모님들에 대해서 마음을 쓴다.
해설_ 동사 avoid가 준동사를 목적어로 취할 때에는 동명사를, make가 목적격보어를 취할 때는 원형부정사를 취한다. 그리고 feel은 불완전동사이므로 보어를 취하는데 의미상의 주어가 사람이면 대개 과거분사나 형용사를 취한다.
정답_ (b)

24.
해설_ 사업은 네가 그 지역의 언어를 할 수 있다면 더 즐겁고 성공한다. 너는 그 지역의 전통을 잘 이해해야 한다. 사업 협상은 더 성공적일 것이다.
해설_ 주로 be동사 뒤에 'of + 명사'의 형태가 오면 형용사형으로 볼 수 있다. 즉 여기에서는 of a pleasure라고 하면 pleasant 등의 형용사 의미로 보면 된다.
어휘_ tradition 전통 negotiation 협상
정답_ (b)

25.
해설_ 이혼으로 인한 편함과 어려움의 정도가 상당하게 다양함에도 불구하고 이혼은 때때로 금지되기도 하고 허용되기도 한다.
해설_ although부터 새로운 문장이 시작되는 만큼 the degree가 주어가 된다면, varies가 동사가 되기 위해서는 중간에 관계사가 와야 한다. 이때 올 수 있는 것이 선행사를 ease나 difficulty로 본다면, with를 쓰는 것이 타당하다. with difficulty, with ease가 되면 '어렵게', '쉽게'의 의미를 가지는 부사의 의미가 되기 때문이다.
어휘_ degree 정도 divorce 이혼
정답_ (c)

26.
해석_ 그는 매일 아침 일찍 일어나는 것을 규칙으로 하고 있다.
해설_ make it a rule to do ...하는 것을 규칙으로 하다
정답_ (d)

27.
해석_ 그녀는 마치 그녀가 의사인 것처럼 말했다.
해설_ '의사가 아닌 그녀가 의사처럼 말을 했다'는 의미이기에, 가정법 과거 were를 써야 한다.
어휘_ as if 마치 ~인 것처럼
정답_ (a)

28.
해석_ 밤새 온도가 영하로 떨어질 것을 대비해서 난방을 계속 하자.
해설_ (b)를 제외한 나머지 요소들은 해석상 괄호 안에 올 수 없다.
어휘_ below zero 마이너스의 in case ~할 것을 대비하여
정답_ (b)

29.
해석_ 미국 서부에 대한 그의 화려한 이야기가 Bret Harte를 유명하게 했다.
해설_ '주어 + 동사 + 목적어 + 목적보어' 구문이다.
정답_ (c)

30.
해석_ 플라밍고들은 그들이 작은 식물이나 얕은 웅덩이에서 찾은 동물들을 먹을 때 부리를 이용하여 진흙과 물을 걸러낸다.
해설_ 주어 flamingo와 동사 uses와 목적어 bill이 갖춰져 있으므로 주어나 동사가 따로 올 필요는 없다.
어휘_ filter 걸러내다 bill 부리 pond 웅덩이
정답_ (c)

31.
해석_ 감자의 기원과 최초로 수확된 지역은 알려지지 않았다.
해설_ 명사구 + and + 명사구 구문이기 때문에 (c)와 (d)가 적절한데 where는 문맥상 필요치 않다.
정답_ (d)

32.

해석_ 병원에서 머무르고 나서, 그녀는 자신의 다친 다리를 움직이려고 애썼다.
해설_ get 다음에는 목적어 + to부정사의 형태가 되어야 제대로 된 구조가 성립한다.
정답_(d)

33.
해석_ 열 번째 행성이 존재할지도 모른다는 것이 천왕성과 해왕성의 운동격차에 의해 암시되고 있다.
해설_ may exist 의 주어는 있으나 is의 주어가 없다. 여기서는 That절이 명사절로서 is의 주어가 될 수 있다.
정답_(d)

34.
해석_ 넓은 숲, 멋진 산의 풍경, 풍부한 야생 그리고 아름다운 폭포는 글레시아 국립공원이 인기 있는 이유들이다.
해설_ 명사, 명사로 이어진 병렬 구조이기에 빈칸도 명사가 들어가야 한다.
정답_(c)

35.
해석_ 토마토 나무가 익은 열매를 가진 성숙한 식물로 자라는 데는 75일에서 85일쯤 걸린다.
해설_ It takes + to부정사: ~하는 데 ~걸리다
정답_(a)

36.
해석_ 사전에 환경법에 대한 지식이 없으면 Matthews 씨는 너의 질문과 같은 기술적인 질문에 거의 답하기는 힘들 것이다.
해설_ 문맥상 without을 포함해서 전체적으로 '..하지 않는다면, ..하지 않을 것이다.'의 구조가 되는 이중부정 구조가 되어야 한다. 따라서 (c)와 (d)는 타당하지 않다. 또한 해석상 수동 의미가 되어야 하기에 (a)는 틀렸다.
어휘_ hardly 거의 ~ 하지 않다
previous knowledge 사전 지식
정답_(b)

37.
해석_ 그는 그의 여름 휴가를 위해서 매달 100달러를 저축한다.
해설_ '간수하다, 저축하다'의 의미이므로 by가 들어가야 적절한 표현이 된다.
정답_(b)

38.
해석_ 그는 즉시 행동을 취해야 한다.
해설_ 'It + 형용사 + that + 주어 + (should) + 동사원형'의 구문이다.
정답_(b)

39.
해석_ (그 길을) 방문했던 많은 이들이 정부가 그 길을 깨끗이 하지 않은데 대해 비난하지만, 아무도 그 장애물을 치우는 의무를 맡으려 하지 않았다.
해설_ 주절의 동사가 빠져있으며 동사 역할을 할 수 있는 blamed가 와야 한다. 또한 부사의 위치는 일반동사 앞에 온다.
정답_(b)

40.
해석_ 살아있는 사람들과 죽은 용사들, 그리고 지금 한국에 있는 그들의 가족들에게 경의를 표하기 위해 AFOC는 그들에게 그 전쟁에서 한국을 이해할 수 있는 기회를 제공하기로 결정했다.
해설_ alive는 명사 앞에서 수식하는 한정적 용법으로 쓰일 수 없는 형용사이다. 따라서 alive those는 될 수 없고, those who is alive의 주격관계대명사와 be동사가 생략된 형태로 those alive가 적절한 표현이다.
정답_(a)

41.
해석_ A: 신고하실 물건이 있습니까?
B: 뭐라고 말씀하셨습니까?
A: 당신이 관세를 지불해야 할 물품을 가지고 오셨습니까?
B: 전혀 없습니다.
해설_ bring about '~사건 등이 발생하다'를 의미한다.
정답_(c)

42.
해석_ A: 도와줘! 내 컴퓨터가 미쳤어!
B: 음, 바이러스를 먹은 것 같은데.
A: 내가 어떻게 해야 해? 나는 컴퓨터에 대해 아무 것도 몰라.
B: 내게 기대하지 마. 나도 컴퓨터 전문가는 아니야.
해설_ looks like는 '~ 인 듯이 보인다'라는 표현이다.
정답_(b)

43.
해석_ A: 무엇을 읽고 있어?
B: 이건 내년 패션 유행에 관한 글이야.
A: 그래, 어떤 게 유행할 거래?
B: 미니스커트가 다시 유행할 거라네.
해설_ 정관사와 부정관사의 사용을 구분할 수 있는지 묻고 있다. 둘 다 알고 있는 특정된 기사가 아니므로 부정관사를 사용한다.
the → an
정답_(b)

44.
해석_ A: 어떤 것을 발견했나요?
B: 네, 그것의 발에 조그만 유리 조각이 박혀있는 것 같습니다.
A: 그것을 빼낼 수 있나요?
B: 도구를 가져올게요. 금방 오겠습니다.

해설_ 동사구에서 대명사는 사이에 와야 한다. get out it → get it out
정답_(c)

45.
해석_ A: 호수 주위로 보트를 타는 건 어때?
B: 충분한 시간이 있을 것 같지 않아.
A: 우리 시간 충분해. 다음 보트가 30분 후에 출발한다고. 그리고 그 투어는 1시간 30분 걸린다고 쓰여 있네.
B: 충분히 시간이 있으니까, 그걸 타자.
해설_ The next boat이므로 과거형을 사용하는 것은 어색하다. left → leaves
정답_(c)

46.
해석_ (a) 청개구리는 몸의 길이가 1인치도 안되지만 그 크고 맑은 소리는 1마일 밖에까지 들린다. (b) 청개구리가 바로 옆에 앉아 있을지라도 그 소리가 나는 위치를 찾기란 어렵다. (c) 이 작은 동물을 본 사람보다 소리만 들어본 사람이 아마 더 많을 것이다. (d) 소리를 낼 수 있는 것은 완전히 성장한 수컷뿐인데 노래하는 모습은 보기에 아주 장관이다.
해설_ '놀라운'이라는 의미로 수식하려면 현재분사가 와야 한다. amazed → amazing
정답_(d)

47.
해석_ (a) 점은 인간의 피부에 있는 검은 반점이다. (b) 그것들은 밝은 갈색에서부터 어두운 갈색이나 검정색까지 다양하다. (c) 거의 모든 사람들은 적어도 한 개의 점을 갖고 있다. (d) 고대의 미신에 따르면 점은 사람의 성격을 나타낸다.
해설_ almost와 most를 구분해서 사용한다. almost는 '거의'라는 뜻으로 most of + 대명사 '대부분'이라는 뜻이다. Most → Almost
정답_(c)

48.
해석_ (a) Michelangelo는 대리석 덩어리를 바라보면서, 사람을 보았다. (b) Elffers는 레몬을 바라보면서 돼지를 보았다. (c) 네덜란드에서 자라면서 그는 접시를 깨끗이 비우라고 배웠다. (d) 음식을 가지고 노는 것은 금지되었다.
해설_ 주어인 he가 생략된 분사구문으로 능동형이 올 자리이므로 현재분사를 사용한다. Grown → Growing
정답_(c)

49.
해석_ (a) 직업은 여러 가지 방법으로 근로자 사이에서 성의 차이를 조장한다. (b) 가장 보편적인 것 중의 하나는 직업 내의 계층화이다. (c) 다시 말하면, 같은 직업에 속한 남녀들이 서로 다른 일과 역할을 흔히 수행한다. (d) 심지어 성적으로 구별이 없는 것으로 보이는 직업에서조차 전체적인 통계는 극단적인 직업 내의 성차이도 보여 주지 못한다.
해설_ 'a variety of + 복수명사'의 형태로 쓰여야 한다. way → ways
어휘_ stratification 성층(性層), 사회계층
segregation 분리, 격리
정답_(a)

50.
해석_ (a) 회사들은 이익을 내기 위하여 다양한 방법으로 가격을 낮추고 있다. (b) 그 중의 한 가지는 도매할인이다. (c) 그것은 대규모로 상품을 구입하고 판매하는 상점이나 사업체에 제공한다. (d) 양적 할인도 있는데 그것은 다량으로 물건을 구매할 때에 개인에게 제공된다.
해설_ '제공되어 지는 것'이므로 수동태 문장을 사용한다. offered → is offered
어휘_ trade discount 동종 업자 할인
on a large scale 대규모로
정답_(d)

Final Test 2

1.
해설_ A: 아마 그는 우리 계획에 동의하지 않을 거야.
B: 나도 그럴 거라고 생각해.
해설_ 부정적인 동의를 나타내는 말을 써야 한다.
정답_ (a)

2.
해설_ A: 오늘 아침 출근하기가 어려웠어요?
B: 네, 사고로 인해 길이 꽉 막혀있었어요.
해설_ 길이 막힌 것이므로 과거분사를 사용한다.
정답_ (c)

3.
해설_ A: 의사 선생님은 내가 너무 살쪘다고 말했어.
B: 너는 다이어트 해야 한다고 생각하니?
해설_ **agree**는 to부정사를 목적어로 취하는 동사이다.
정답_ (d)

4.
해설_ A: 학생들은 그렇게 많은 과제물을 반대해.
B: 그러나 우리 선생님이 그것은 필수적인 것이라고 말했어.
해설_ **object to -ing**라는 관용 어구를 묻고 있다.
정답_ (d)

5.
해설_ A: 내 여자 친구가 옆집에 살기를 희망해, 그런데 나는 좋은 생각인지 확신이 안 드네.
B: 장단점이 있어. 곰곰이 생각해보고 결정해.
해설_ **idea**는 셀 수 있으며 부정관사를 사용한다.
정답_ (d)

6.
해설_ A: 어떤 것을 추천해 주실래요?
B: 사모님, 이 카메라를 안사시면 후회하시게 됩니다.
해설_ (b)는 해석이 문맥에 맞지 않으며, **not**은 동명사 앞에 와야 한다.
정답_ (a)

7.
해설_ A: 4월 1일 서울 가는 비행기를 예약할 수 있습니까?
B: 그럼요, 손님. 비자는 있나요?
해설_ **month** 앞에는 전치사 **on**을 사용하며 '달, 일' 순으로 표기한다.
정답_ (c)

8.
해설_ A: 그 새로운 한국 식당의 음식은 맛있어.
B: 하지만 비싸지.
해설_ (b)를 제외한 나머지는 접속사로 위치상 올 수 없다.
정답_ (b)

9.
해설_ A: 너는 저녁으로 수프를 먹고 싶니?
B: 그것보다는 샐러드를 먹자.
해설_ **rather than** ~ 보다는
정답_ (b)

10.
해설_ A: 너는 그 약을 먹었니?
B: 그래, 하지만 내가 그것을 먹었을 때, 별 효과가 없었어.
해설_ 일반동사를 대신 받는 알맞은 대동사와 부정의 의미를 나타내는 표현으로 쓰여야 적절하다.
정답_ (a)

11.
해설_ A: 내일 날씨가 어떨까요?
B: 내일은 눈이 내릴 것 같아요.
해설_ **What will the weather be like**? : 날씨가 어떻게 될 것 같습니까?
정답_ (c)

12.
해설_ A: 우리는 내일 소풍 갈 겁니다. 함께 가시지 않겠어요?
B: 가고 싶지만 비가 올 것 같습니다. 기상대원이 그렇게 말했습니다.
해설_ '~하고 싶다'는 **I'd like to** ~로 표현한다.
정답_ (c)

13.
해설_ A: 우리 아버지는 엄하셔.
B: 나는 그가 매우 엄격한 아버지라고 생각해.
해설_ '**quite + a + 형용사 + 명사**'의 순서를 잘 익혀둔다.
정답_ (d)

14.
해설_ A: 클라인씨는 담배를 너무 많이 피운다.
B: 음, 그는 지금보다 과거에는 더 많이 피웠어.
해설_ 동사가 반복되면 대동사 **do**를 사용하며 시제를 맞춰야 하므로 **does**가 알맞다.
정답_ (c)

15.
해설_ A: 어디에 있었니?
B: 공원에서 산책했어. 오늘은 날씨가 너무 좋았어. 마치 봄이 온 것 같아.
해설_ 의미나 시제 등을 고려하여 답을 고른다.

정답 (a)

16.
해석 A: 당신 시계가 잘 맞습니까?
B: 아니오, 제 시계는 하루에 5분 늦습니다.
해설 gain + 시간 (시간이 빠르다) ↔ lose + 시간 (시간이 느리다)
정답 (b)

17.
해석 A: 오늘은 무슨 요일입니까?
B: 오늘은 금요일입니다.
해설 What day is it today? : 오늘은 무슨 요일 입니까?
어휘 national holiday 국경일
day on (당번) ⇔ day off (비번)
정답 (c)

18.
해석 A: 그는 어제 이후 아무 것도 못 먹었어.
B: 오, 불쌍한 아이. 내가 그에게 음식을 가져다 줘야겠다.
해설 부정문에서는 anything을 사용하며 현재완료 시제이므로 since가 적합하다.
정답 (a)

19.
해석 A: 그 일을 얼마나 오랫동안 해왔습니까?
B: 내가 은퇴한 이후로 이 일을 해왔습니다.
해설 현재에도 계속되고 있는 일이므로 현재완료 진행형을 사용한다.
정답 (a)

20.
해석 A: 내가 너에게 주었던 식물은 어떻게 되었니?
B: 식물이 잘 자랐을 거야, 하지만 내가 물을 주지 않았어.
해설 but은 역접관계를 나타내므로 반대 의미로 현재 사실에 반대되며 시제는 현재완료가 알맞다.
정답 (c)

21.
해석 1588년 스페인 아마다에서의 패배 이후에, 스페인은 나라간의 관계에서 힘을 많이 잃어버렸다.
해설 부사구 (After~in 1588)와 부사구 (in the world)를 생략하고 남은 나머지가 문장이 되어야 한다.
정답 (c)

22.
해석 사모아 인들에 있어서, 마가렛 미드는 문화 결정론에 대한 그녀의 신념을 재확인 할 수 있었다.
해설 문장의 주요소가 완성되어 있는 상태이다. 이런 상황에서 문장의 주요소가 들어가면 문장구조가 깨진다.
정답 (b)

23.
해석 첫 번째 서울발 비행기는 7시 30분에 있고 그 후로는 오후 8시 30분까지 매시 30분에 있다.
해설 해석상 '까지'의 의미가 들어가기 위해서는 until이 타당하다. by는 '까지'의 의미를 가지기는 하지만, 동작의 의미를 가지고 있을 때에 쓰인다. 따라서 여기에서는 by보다는 until을 사용해야 한다.
어휘 thereafter 그 후로는 every hour 매시
past (시간과 관련해서 쓰일 경우) ~ 지나서
정답 (a)

24.
해석 불쌍한 작은 여인은 휴식이 필요한 것처럼 보인다. 그러나 방이 엉망인 상태였기 때문에 쉴 수가 없었다.
해설 as if 다음에 필요하다고 했지만 but이 왔기에 휴식을 취할 수 없는 부정적 상태로 봐야 한다. 따라서 not likely가 되어야 한다.
어휘 chaotic 무질서한 state 상태
정답 (a)

25.
해석 너의 리포트를 최대한 내일 오후까지는 제출하기를 원한다. 그것은 최종 마감일이다.
해설 문맥상 리포트를 낼 마감선을 정해주고, '늦어도' 그 전까지는 다 하기를 지시하는 내용이다. 따라서 해석상 '늦어도'의 의미가 들어가야 한다. 따라서, 정답은 (d)이다.
어휘 deadline 마감일
정답 (d)

26.
해석 선생님이 아이에게 할 수 있는 것 중 가장 나쁜 것은 아이만의 자신감을 손상시키는 것이다.
해설 보어 역할을 할 수 있는 것으로 문맥에 가장 알맞은 형태를 지닌 to부정사를 선택한다.
어휘 undermine 훼손하다, 손상시키다 distrust 믿지 않다
deteriorate 나쁘게 하다 disturb 방해하다
정답 (d)

27.
해석 아파트로부터 우리는 상점과 학교에 쉽게 갈 수 있다.
해설 '접근이 가능한'을 의미로 쓰인 access to ~가 적절하다.
정답 (a)

28.
해석 이것은 내가 생각했던 것만큼 쉽지 않다.
해설 내가 쉽다고 예상했던 것이므로 조동사 would가 적합하다.
정답 (a)

29.
해석_ 나를 실망시키지 마라. 이번에는 네가 거기에 있을 것이라고 믿는다.
해설_ **count on** 기대하다, 믿다
정답_ (b)

30.
해석_ 그의 급료 중 약 1/4은 세금, 사회보장비용 그리고 노동조합비로 나간다. 만약 그가 검소하게 산다면, 그래도 매월 200달러는 저축하거나 집으로 송금할 수 있을 것이다.
해설_ 빈도부사는 조동사 뒤, 일반동사 앞에 쓴다.
어휘_ **union dues** 조합비   **austerely** 검소하게, 소박하게
정답_ (c)

31.
해석_ 대화라는 것은 어떠한 결정적인 결론에 도달하려고 애를 쓰지 않는 한 토론과는 다른 것이다.
해설_ '~하는 한에 있어서는'이라는 뜻의 표현이 들어가야 한다.
어휘_ **insofar** ~하는 한에 있어서는
정답_ (a)

32.
해석_ 그는 집에 오는 길에 소나기를 맞았다.
해설_ '소나기를 맞다'는 표현이 되려면 **caught by**를 쓰는 것이 아니라 **caught in**을 써야 한다.
정답_ (a)

33.
해석_ 그녀는 그 당시에 두 개의 선택이 있었고, 그 중에 하나는 그녀에게 200불을 벌어다 줄 수도 있었을 것이다.
해설_ 관계사의 역할을 하는 **which**가 왔으므로 **and**는 필요 없다.
정답_ (d)

34.
해석_ 내 비서의 의무는 방문자를 맞이하는 것과, 우편물을 개봉하는 것 그리고 편지를 타이핑하는 것이다.
해설_ **are**의 보어 자리에 등위접속사 **and**에 의해서 **to**부정사 3개가 병렬구조를 이루고 있다.
어휘_ **duty** 의무   **secretary** 비서   **receive visitor** 방문객을 맞다
정답_ (c)

35.
해석_ 돌풍은 로키 산맥의 서쪽에서는 거의 발생하지 않는다.
해설_ 부정부사는 일반동사 앞에 오고, **almost**는 **never**를 수식한다.
정답_ (d)

36.
해석_ 아시아는 항상 대부분의 전문가에 의해 인간 문명의 요람이라고 간주되어 왔다.
해설_ **always**(빈도부사)는 조동사 뒤, 일반동사 앞에 자리한다.
정답_ (a)

37.
해석_ 흡연은 너의 건강에 크게 영향을 미칠 수 있다.
해설_ '조동사 + 정도부사 + 본동사'의 순서여야 한다. 따라서 **seriously**(정도부사)는 **can**과 **affect** 사이에 위치해야 한다.
정답_ (d)

38.
해석_ 종종 사람들은 미국의 소년소녀들이 가장 행복한 아이들이나 아마 세상에서 제일 버릇없는 애들이라고 한다.
해설_ 수동태로 쓰여야 하며 **tell**이 아닌 **say**가 들어가야 한다.
정답_ (b)

39.
해석_ 왜 영어가 오늘날 중요한 지위를 점하게 되었는지는 다양한 이유들이 있다.
해설_ 앞에 나온 동사를 받는 대동사 **do**가 쓰여야 하는데 3인칭단수이므로 **does**가 적절하다.
정답_ (b)

40.
해석_ 훌륭한 배우에게 있어서 어떤 배역을 맡든지, 이것이 왕의 배역이든 거지의 배역이든지는 중요하지 않다.
해설_ 명사와 대명사의 수일치 문제이다. **part**를 받는 대명사이기에 단수대명사 **that**이 적절하다.
정답_ (d)

41.
해석_ A: 이 귀걸이 해봐, 너의 드레스와 잘 어울릴 거야.
   B: 하지만 작년 수상자가 이거 했었어. 나는 그녀가 한 거랑 같은 거 하고 싶지가 않아.
   A : 알았어, 이건 어때?
   B : 이건 좀 낫다. 나의 외모를 돋보이게 해줄 수 있을 거 같아.
해설_ **go with**가 되면 '어울리다' 의미가 되어서 그것을 수식해주는 **nicely**가 부가적으로 붙어야 한다.
정답_ (a)

42.
해석_ A: 요즘 나 관심 있는 사람 생겼어.
   B: 와, 운좋은 그는 누구야? 너는 우리 그룹에서 제일 예쁘잖아.
   A: 그는 브라이언이야, 그와 아무래도 이야기를 해야겠어.
   B: 행운을 빌게.
해설_ **word**가 말을 건네는 의미를 가질 때는 가산명사가 되어서

word가 아니라 a word가 되어야 한다.
정답 (c)

43.
해석 A: 실례합니다. 그가 어디 있는지 말해줄 수 있나요?
B: 막 퇴원했어요.
A: 정말요? 빨리 회복하셨네요.
B: 네, 잘된 일이죠.
해설 간접의문문은 도치가 일어나지 않음에 주의한다. where is he → where he is
정답 (a)

44.
해석 A: 오늘밤 영화 보러갈 예정이다. 나와 함께 갈래?
B: 그러고 싶다. 그러나 내일까지 숙제를 끝내야만 해.
A: 안됐군. 그런데 몇 시지?
B: 11시 10분 전이야.
해설 Do you have the time? (=What time is it?): 몇 시입니까?
정답 (c)

45.
해석 A: 안녕하세요. 싱가포르 투어입니다. 무엇을 도와드릴까요?
B: 네, 부탁드립니다. 저는 싱가포르에서 빈탄까지의 왕복 페리 서비스에 대해 알고 싶습니다.
A: 손님 일행이 몇 분이시죠?
B: 어른 한명 뿐입니다.
해설 숫자를 묻고 있으므로 many가 알맞다. often은 빈도수를 물을 때 사용한다. often → many
정답 (c)

46
해석 (a) 보석은 자연 상태에서는 거의 아름답게 보이지 않는다. (b) 사실, 가공하지 않은 다이아몬드는 가장 매력 없는 보석이다. (c) 그것은 평범한 관찰자에게는 무가치한 조약돌로 보여서 아마 버려지게 될 것이다. (d) 대부분의 사람들이 다이아몬드를 알아볼 수 있는 반짝이는 특징들은 제거되게 될 딱딱한 껍질 아래에 감추어져 있다.
해설 관계대명사 what은 선행사가 없는 경우에 사용하며 여기서는 명사절 that이 오는 자리이다. what → that
어휘 gem 보석 throw away 버리다 pebble 조약돌
sparkling 반짝이는 identify 동일시하다
crust 껍질, 표면
정답 (d)

47.
해석 (a) '아크메 국제 여행사'는 주로 북미에서 소그룹(10명 이하)을 대상으로 다양한 세계 일주를 기획하는 회사입니다. (b) 여러분의 고장에서 머무르는 고객을 동반할 영어를 잘 하는 안내원을 구하고 있습니다. (c) 주말과 저녁 시간 그리고 주중에 일할 분을 찾고 있습니다. (d) 지금 보내십시오. : 자신에 대한 소개, 자신이 적절하다고 생각하는 이유, 출근 가능한 날짜.
해설 주어와 접속사의 역할은 관계대명사 who가 한다.
정답 (b)

48.
해석 (a) 외국어로 말하고 싶습니까? (b) 이번이 당신의 인생에서 가장 유익한 밤이 될 것입니다. (c) 지루한 강의와 전통적인 학습 방법을 잊으십시오. (d) 한 강의로 외국인과 사교적인 대화를 나눌 수 있도록 해 주는 기술을 갖게 될 것입니다.
해설 enable은 to부정사를 목적보어로 받는다.
어휘 shortcut 지름길
정답 (d)

49.
해석 (a) 농업은 주요하게 세 부문으로 계속 발전해 나갈 것이다. (b) 첫 번째로 농업은 새로운 형태의 기술을 사용함으로써 훨씬 더 효율적이 될 것이다. (c) 두 번째로 부유한 사람뿐만 아니라 가난한 사람들도 이용할 수 있는 새로운 작물의 경작, 저장 및 판매 방식이 개발될 것이다. (d) 세 번째로 농업 생산품은 여러 가지 면에서 사용될 것이다.
해설 주어가 개발된다고 보는 것이 적합하므로 수동태 문장을 사용한다.
어휘 slow down 줄어들다 storing 저장, 비축
정답 (c)

50.
해석 (a) 예를 들어, 글이나 시를 읽는 것은 우리가 자신의 상황을 이해하게 하고 향상시킬 수 있게 한다. (b) 다시 말해서, 예술은 우리의 영혼을 고양시키는 창조물이다. (c) 예술 때문에 우리의 삶은 훨씬 낫다. (d) 화가, 작가, 음악가 등 모든 예술가들은 사람들의 보다 나은 삶을 위해 기여하고 있는 것이다.
해설 명사가 나오므로 접속사가 아닌 전치사를 사용한다.
정답 (c)